Sophie Reinheimer

Die schönsten Märchen

Zum Vorlesen und Selberlesen

Schneider-Buch

Inhalt

Der Sonnenstrahl

Wißt ihr, welche Mutter die allermeisten Kinder hat? Das ist die Frau Sonne, die oben am Himmel wohnt.

Denkt einmal: die vielen, vielen Sonnenstrahlen, die jeden Tag auf die Erde herunterkommen, um sie zu beleuchten und zu erwärmen – das sind doch alles ihre Kinder.

Frau Sonne hat manchmal recht viel Müh' und Plage mit der großen Kinderschar; aber sie hat auch ihre Freude an den Sonnenkindern, wenn sie sieht, wie fleißig sie da unten auf der Erde ihre Arbeit verrichten. Die allergrößte Freude aber ist es, wenn des Abends Frau Sonne all ihre Strahlenkinderlein hineinruft zum Schlafen. Dann kommen sie alle, einer nach dem anderen, an; die einen müde, die anderen noch ganz frisch und munter, und dann fängt ein Erzählen und Lachen und

Schwätzen an. Wer könnte auch wohl mehr erzählen als die Sonnenstrahlen? Nun hört, was der eine von ihnen gestern abend erzählte! „Heut' habe ich etwas ganz Neues gehört“, sagte er, „etwas, das ich noch gar nicht gewußt habe. Ich sah durch ein geöffnetes Fenster in eine kleine Stube hinein, da saß eine Großmutter auf einem Lehnstuhl. Auf ihrem Schoße lagen eine Menge Blumen: Schlüsselblumen, Schneeglöckchen und Veilchen.

Vor ihr, auf einer Fußbank, saß ein kleines Mädchen. Sicher war es eben von einem Spaziergang zurückgekommen und hatte der Großmutter die Blumen mitgebracht. Und sicher hatte es auch draußen viel Lustiges und Schönes erlebt, denn es erzählte und lachte in einem fort, und manchmal klatschte es in die Hände vor lauter Vergnügen.

Ich glaube, die Großmutter war blind, denn als ich ihr gerade ins Gesicht schien, um zu sehen, ob auch sie sich freue, da machte sie nicht ganz fix die Augen zu, wie andere Leute, und drehte auch nicht den Kopf weg. Aber ich sah doch, daß sie sich über das kleine Mädchen freute, denn sie lächelte und nickte leise mit dem Kopfe.

‚Ich möchte auch wohl wieder einmal in den Wald gehen und Tannenduft riechen und die Sonne scheinen sehen und die Vöglein singen hören‘, sagte sie dann.

Da wurde die kleine Anna einen Augenblick

ganz traurig. Sie wußte, daß die arme, gute Großmutter zu schwach und zu krank dazu war, daß sie nie wieder in den Wald gehen konnte.

Eine Weile saß sie ganz still und dachte nach.

‚Großmütterchen!' rief sie auf einmal und sprang auf und streichelte die alte Frau und küßte sie – ‚Großmütterchen, weißt du was? Morgen gehe ich noch einmal in den Wald und hole ganz, ganz viele Tannenzweige, und die stelle ich alle hin, ganz dicht vor dich, daß du sie riechen kannst, dann kannst du denken, du wärst im Walde. Und dann rücke ich deinen Sessel recht in die Sonne, und dann, dann singe ich dir ein Liedchen vor. Weißt du – das, das du so gern hörst.'

Und mit ihrer hellen, frischen Stimme sang die Kleine der Großmutter das Liedchen vor.

Als ich wieder der Großmutter in die Augen sah, sah ich, daß zwei Tränen daraus hervorrollten; aber es mußten wohl Freudentränen sein, denn die Großmutter machte ein sehr, sehr glückliches, frohes Gesicht. Sie winkte das kleine Mädchen zu sich heran und strich ihr über das Haar. Und dann sagte sie: ‚Ich danke dir, mein Sonnenstrahl.'"...

„Nun, was sagt ihr dazu?" fragte der Sonnenstrahl, der diese Geschichte den anderen erzählt hatte. „Was sagt ihr dazu, daß es auch Sonnenstrahlen gibt, die so aussehen wie Menschen? Habt ihr das schon gewußt?"

„Nein", sagten die anderen und waren sehr erstaunt. „Dann ist das kleine Mädchen wohl gar eine Schwester von uns? Wir wollen doch einmal die Mutter fragen."

Und sie fragten die Mutter Sonne.

Und die Mutter Sonne sagte:

„Eine Schwester von euch ist das kleine Mädchen nicht, denn sie ist ja kein wirklicher Sonnenstrahl, sondern ein Menschenkind. Aber ich will euch sagen, warum die Großmutter so gesagt hat.

Seht: Ihr Sonnenstrahlen macht es überall, wo ihr hinkommt, hell und froh und warm, nicht wahr? Überall, wo die Sonne scheint, sieht es gleich viel lustiger aus. Nun – und das kleine Mädchen macht das Leben der armen, blinden Großmutter auch hell und froh, und deswegen sagte die Großmutter zu ihr: mein Sonnenstrahl.

Und deswegen, weil die kleine Anna so ist wie ein Sonnenstrahl, deswegen sollt ihr sie auch so lieb haben wie eine Schwester."

„Das wollen wir! Das wollen wir!" riefen alle.

„Ich werde ihr morgen früh, wenn sie aufwacht, einen Kuß geben", sagte der eine.

„Und ich werde die Rosenknospen in ihrem Garten recht warm bescheinen, damit sie bald aufbrechen", rief ein anderer.

„Ich werde ihr die Kirschen am Baume reifmachen."

„Oh – und ich – ich weiß, was ich tue! Im Garten hängt Puppenwäsche, die hat ganz sicher die kleine Anni aufgehängt. Ich werde so lange die Wäsche bescheinen, bis sie trocken ist."

„Und ich – ich werde morgen früh, wenn sie in den Garten kommt, gerade in die Tautropfen, die an den Blumen und Gräsern hängen, hineinscheinen, damit sie recht schön in allen Farben schimmern – rot und grün und blau und gelb und lila. Ich glaube, das wird ihr Freude machen."

Und sie taten das alles wirklich.

Sagt: möchtet ihr nicht auch eine Schwester oder ein Bruder von den Sonnenstrahlen werden?

Vom Sonnenstrahl, der sich eine Frau suchte

In der Kirche wurde eine Trauung abgehalten.

Viele Hochzeitsgäste waren da versammelt, alle in ihren feinsten Kleidern; die Orgel spielte, der Altar war mit Blumen geschmückt und grünen Zweigen. Die Braut im weißen Kleide, ganz eingehüllt in einen großen weißen Schleier, auf dem Kopfe ein grünes Kränzlein; und neben ihr der Bräutigam.

Der Pfarrer hatte sie eben gefragt, ob sie Mann und Frau sein und sich lieb behalten wollten, immer, immer; und sie hatten beide „Ja“ gesagt, denn sie wollten es wirklich.

Gerade in diesem Augenblick kam durch das hohe, schmale Kirchenfenster ein Sonnenstrahl hereingehuscht, und gerade auf die Braut kam er zu. Auf ihrem weißen, feinen Schleier ließ er sich nieder, so daß er ihr gerade ins Gesicht sehen konnte.

„Wie schön sie ist“, dachte der Sonnenstrahl. „Was für wundervolle braune Augen sie hat, und das prächtige schwarze Haar. Sie sieht auch sehr glücklich aus.“

Und dann huschte der Sonnenstrahl weiter, besah sich den Bräutigam und all die feingeputzten Hochzeitsgäste, betrachtete sich all die wundervollen Blumen, hörte noch ein Weilchen der feierlichen Orgelmusik zu, und dann huschte er leise wieder aus der Kirche hinaus.

Als er wieder draußen auf der Straße war, mußte er noch an all das Schöne denken, das er eben gesehen hatte, und ganz besonders an die wunderschöne Braut. Auf der Straße, vor der Kirchentüre, sah er Leute stehen und warten. Die wollten gern die Hochzeitsgesellschaft sehen, wenn sie aus der Kirche herauskam. Ein Schusterjunge war auch dabei, der hatte ein Paar Stiefel auf dem Rücken hängen und sang: „Hochzeit machen, das ist schön!“

„Er hat recht“, dachte der Sonnenstrahl, „Hochzeit machen ist wunderschön, das allerschönste! Ich werde jetzt auch Hochzeit machen, ich werde mir jetzt auch eine Frau suchen.

Ob ich wohl eine finde, die zu mir paßt? Und was meine Brüder, die anderen Sonnenstrahlen, wohl sagen würden, wenn ich ihnen erzählen könnte, daß ich eine Frau habe? Ja, ich suche mir eine. Jetzt gleich.“

Nahe bei der Kirche, in einem Garten, stand ein Rosenstrauch, daran blühte eine herrliche, rote Rose.

Als der Sonnenstrahl die Rose sah, dachte er gleich: „Das wäre so eine Frau für mich. Schön ist sie, und vornehm scheint sie auch zu sein, sonst hätte sie kein so feines rotes Samtkleid an. Ich will sie doch gleich mal fragen, ob sie meine Frau sein will. Nur warten will ich, bis der Schmetterling dort fort ist, der eben bei ihr sitzt, denn der braucht es gerade nicht zu hören."

Und der Sonnenstrahl wartete und wartete. Der Schmetterling war zwar fortgeflogen, aber dafür kam ein anderer, und dann noch einer – und noch einer, und dann eine Biene und dann ein Käfer . . .

Das wurde dem Sonnenstrahl denn doch zu toll. „Nein, eine Frau, die soviel Besuch bekommt, die kann ich nicht brauchen, denn die hat ja gar keine Zeit für ihren Mann", dachte er. Und er ging von der Rose weg.

An demselben Strauche, auf einem grünen Blatte, sah er eine blinkende Tautropfenperle liegen. Die gefiel ihm gleich sehr gut. Als er sie näher betrachtete, funkelte sie in allen Regenbogenfarben – rot, grün, gelb, blau und lila. Das gefiel ihm noch besser.

„Willst du meine liebe kleine Frau sein?" fragte er sie.

Die Tautropfenperle antwortete nicht, sie zitterte nur ein wenig. Da dachte der Sonnenstrahl: „Das heißt gewiß ‚Ja' bei ihr" und gab ihr gleich einen Kuß. Und dann noch einen – und noch einen …

Ach – du lieber Gott – was war denn das? Bei jedem Kusse wurde die Tautropfenperle ja kleiner. Es war schon fast gar nichts mehr von ihr übrig. Na – da bekam der Sonnenstrahl keinen kleinen Schreck!

„Gott bewahre mich!" dachte er – „eine Frau, die noch nicht mal einen Kuß vertragen kann – nein, die taugt nicht für mich."

Und er ließ das Tautropfenpünktchen auf dem Blatte liegen und ging seines Weges weiter.

Im Garten gefiel es ihm nicht mehr, und so wanderte er aus demselben hinaus. Nun kam er auf eine grüne Wiese. Durch die Wiese floß ein Bach, und an einem der Weidenbüsche, die zu beiden Seiten des Baches standen, saß eine zarte blaue Libelle.

„Blau wie die Farbe des Himmels, in dem ich wohne", dachte der Sonnenstrahl. „Vielleicht ist das die rechte Frau für mich."

Gerade wollte er sich neben der Libelle niederlassen, da breitete sie ihre feinen, durchsichtigen Flügel aus und flog über das Wasser des Baches hin.

„Sie wird wohl gleich wiederkommen", dachte der Sonnenstrahl.

Aber die Libelle kam nicht wieder. Sie flog immerzu über dem Wasser des Baches hin und her und schnappte sich Mücken und allerlei kleine Wasserinsekten.

„Sie scheint schrecklich gefräßig zu sein", dachte der Sonnenstrahl. „Man sollte das von einem so zarten, feinen Wesen gar nicht vermuten. Ich glaube auch, daß sie sehr eitel ist und das Bachwasser oft als Spiegel benutzt. Na – wer weiß! Ich will sie lieber fliegen lassen und mir eine andere Frau suchen."

Und nun machte der Sonnenstrahl sich wieder auf die Reise.

„Es scheint doch recht schwierig, etwas Passendes zu finden, ich hatte es mir gar nicht so schwierig gedacht", sagte er zu sich selbst. „Aber ich will doch noch weitersuchen."

Und er wanderte über die Wiese hin, ein ganz großes Stück, bis da, wo die Wiese aufhörte und zum Walde hinaufführte. Dort, auf dem grünen Wiesenabhang, saß ein Mädchen und hütete Gänse. Neben ihm im Grase saß sein Schwesterchen, ein kleines, süßes Ding mit lauter goldblonden Ringellöckchen, auf denen oben ein Kranz von Gänseblümchen saß.

Von diesen feinen, weichen Löckchen, die da im Winde tanzten, hätte sich der Sonnenstrahl nur gar zu gern eins mitgenommen, denn sie schimmerten ja gerade so goldig wie er und schienen vorzüglich zu ihm zu passen. Aber die Löckchen gehörten ja dem Kinde, und das Kind gehörte seiner Mutter, und die hätte es doch ganz sicher nicht erlaubt. Die Gänse auf der Wiese schnatterten auch schon ganz gefährlich, und das Kind drohte mit dem Weidenstocke, den es im Händchen hielt, und sagte: „Du, du!"

Da bekam der Sonnenstrahl Angst und flüchtete sich in den Wald hinein.

Im Walde war es still und dunkel. Zwischen hohen Baumstämmen, über Baumwurzeln, Moos und Steine zog der Sonnenstrahl nun dahin. Hier besuchte er eine Familie von Heidelbeerbüschen, dort einen Tannenzapfen; hier einen Käfer und dort eine Spinne. Und wo er hinkam, da flimmerte es golden hell in dem dunklen Walde auf, und alle, die er besuchte, die freuten sich.

Auf einmal hörte er, dicht neben sich, ein feines Piepsstimmchen. Da saß unter einem großen roten Fliegenpilz eine Waldmaus. Die Waldmaus sah aber sehr traurig aus.

„Darf man fragen, mein Fräulein, warum Sie so betrübt sind?" sagte der Sonnenstrahl.

„Ach!" seufzte die Waldmaus in kläglichem Tone, „nun bin ich eine Witwe. Mein armer, armer Mann – heute nacht hat ihn der Uhu gefressen. Nun sitze ich da mit meinen sechs Kindern."

„Oooh!" machte der Sonnenstrahl – „das tut mir

aber leid. Ja, ja – die Uhus! Ich habe ihnen nie viel Gutes zugetraut. Aber trösten Sie sich nur, beste Frau Waldmaus, Sie werden schon wieder einen neuen Mann bekommen. Wie alt sind denn Ihre Kinderchen?"

„Zwei Tage alt", sagte die Waldmaus, trocknete sich die Tränen mit ihrem langen Schwanze und sah den Sonnenstrahl plötzlich wieder ganz vergnügt an. „Sie sind so niedlich, meine Kleinen. Noch ganz nackt, und auch die Schwänze sind bei allen wohlgeraten. Wollen Sie sie nicht mal ansehen? Wir wohnen gleich nebenan."

„Danke! Danke!" sagte der Sonnenstrahl. „Es tut mir zwar sehr leid – und ich muß sehr um Entschuldigung bitten – aber ich muß jetzt unbedingt wieder gehen ... ich habe nämlich große Eile!"

Und fort war er, hinter dem nächsten Brombeerstrauch verschwunden.

„Ich glaube, die Waldmaus hätte mich recht gern genommen", dachte der Sonnenstrahl. „Sie selbst war ja auch gar nicht übel. Aber sechs nackte, kleine Mäusekinder ... brrr – ich danke!

Machen wir, daß wir weiterkommen."

Bei all dem Umherwandern, Suchen und Besuchen war es aber schon spät geworden; für einen Sonnenstrahl bald Zeit zum Schlafengehen.

Die rechte Frau aber war immer noch nicht gefunden.

„Noch einen Versuch werde ich jetzt machen“, dachte der Sonnenstrahl. „Ist es damit wieder nichts, dann – na, dann werde ich wohl überhaupt keine Frau mehr finden.“

Der Wald, durch den der Sonnenstrahl gewandert war, ging nun zu Ende. Nur noch ein paar ganz kleine Tannenbäumchen standen da und Felsblöcke und allerlei Steine.

„Guten Abend, Herr von Sonnenstrahl“, rief es da zwischen den Steinen hervor.

„Ei – sieh da, Fräulein Eidechse! Das ist ja schön von Ihnen, daß Sie auf mich gewartet haben.“

„Tu ich das nicht immer?“ fragte die Eidechse und sah den Sonnenstrahl mit ihren klugen schwarzen Augen so recht freundlich an.

Der Sonnenstrahl betrachtete sich nachdenklich das zierliche, grünschillernde Ding, das da vor ihm auf dem Steine saß. „Eigentlich“ – dachte er, „eigentlich ist es doch ein ganz reizendes kleines Geschöpf. Und sie liebt mich schon lange, das weiß ich. Wie wär's ...“

„Fräulein Eidechse“ – fragte er plötzlich – „wollen Sie mich heiraten?“

„Heiraten?“ fragte die Eidechse ganz überrascht. „Ach ..., ach – das wäre ja ganz reizend – das wäre ja himmlisch! Aber –“

„Aber?“

„Aber – lieber, goldener Sonnenstrahl, dann –

dann darfst du auch gar nie mehr von mir fortgehen, dann mußt du immer hier bei mir bleiben."

„Das wäre!" sagte der Sonnenstrahl. „Und meine Arbeit, die ich zu tun habe? Meine Arbeit in Garten, Wiese und Feld? Glauben Sie, ich bummle hier alle Tage bloß zum Vergnügen auf der Erde herum? Nein – hierbleiben, das geht nicht."

„Nun, dann tut es mir leid", sagte die Eidechse, „aber dann taugen Sie überhaupt nicht zum Heiraten, denn einen Mann, der den ganzen Tag herumstromert, den will niemand haben."

„Da – nun hab ich's", dachte der Sonnenstrahl ganz betrübt. „Also zum Heiraten tauge ich überhaupt nicht. Schade, schade.

Wie sang doch der Schusterjunge heute morgen vor der Kirchentür? ‚Hochzeit machen, das ist wunderschön.' Ja – aber für jeden scheint es doch nicht zu taugen. Schade, wirklich sehr schade!"

Und ganz traurig verließ der Sonnenstrahl die Erde und zog heimwärts, zum Himmel hinauf.

Als er oben war und gerade in den Himmel hineinschlüpfen wollte, sah er ein duftiges weißes Abendwölkchen dahergezogen kommen.

„Das muß ich mir erst noch angucken", dachte der Sonnenstrahl; und er wartete noch ein Weilchen, bis die kleine Abendwolke dicht vor ihm stand.

„Ach – ist die niedlich. So weiß, so duftig! Ach

– ach . . . wenn die Eidechse nun doch nicht recht hätte – wenn ich am Ende doch zum Heiraten taugte –"

„Kleine, niedliche Abendwolke, willst du meine Frau werden?" fragte er dann frisch drauflos.

Und das Wölkchen? Es sagte leise: „Ja!"

„Ja?" jubelte der Sonnenstrahl. – „O wie herrlich! Herrlich! Aber –"

„Aber?"

„Aber – ich kann nicht immer bei dir bleiben. Tagsüber muß ich auf die Erde, meine Arbeit verrichten. Nur des Abends, da kann ich zu dir kommen."

„Das schadet nichts", sagte das Wölkchen leise. „Es genügt mir, denn ich habe dich lieb."

„Ja!" jubelte der Sonnenstrahl. – „Ja, du hast mich lieb. Das ist die echte Liebe, nun weiß ich es. Und nun weiß ich auch, daß du die rechte Frau für mich bist."

Und er küßte die kleine weiße Wolke, und unter seinem Kusse glühte sie rosig auf vor Freude.

Dann aber eilte er heim und erzählte es seinen Brüdern und Schwestern und lud sie alle zur Hochzeit ein.

Die Sonnenstrahlbrüder aber fanden das alle sehr nett. „Morgen werden wir es auch so machen", sagten sie.

Ja – und so kommt es, daß ihr manchmal des

Abends soviel rosenrote kleine Wölkchen am Himmel seht.

Die Leute sagen dann: „Das ist das Abendrot."

Pate Sonnenstrahl

Ich habe euch mal erzählt von dem Sonnenstrahl, der sich eine Frau suchte, auf der Erde keine fand und dann die kleine weiße Abendwolke heiratete. Und ich sagte euch, daß seine Brüder das sehr hübsch fanden und sich schleunigst auch solch zartes, feines Wolkenbräutchen suchten, so daß schließlich des Abends immer eine ganze Versammlung am Himmel war. Das reine Familienfest! Da wurde gelacht und geschwatzt, da hatte man sich lieb und neckte sich.

Aber da war ein Sonnenstrahl – ein ganz besonders schöner, goldener, leuchtender war es –, der nahm an diesen Familienfesten niemals teil. Der huschte, wenn er von der Erde heraufkam, immer schleunigst an der Gesellschaft vorbei, und schlupp – war er zur Himmelstüre drin. Seine Brüder fragten ihn wohl manchmal, warum er das tue, oder seine rosigen kleinen Schwägerinnen hielten ihn am goldenen Rockzipfel fest und neckten ihn und redeten ihm zu, sich doch auch ein Frauchen zu suchen. Aber darauf lächelte der schöne, goldene Sonnenstrahl nur immer ganz geheimnisvoll und sagte: „Ach was – ich habe keine Zeit für Heiratsgedanken."

Nun könnt ihr euch wohl denken, wie sie sich da oben am Himmel alle die Köpfe zerbrachen, was denn der Sonnenstrahl da unten wohl für wichtige Geschäfte zu erledigen habe. Aber er verriet nichts.

Euch aber will ich es erzählen.

An einem schönen Frühlingsmorgen, als der Sonnenstrahl gerade mal so recht gemütlich durch die frischgrüne Welt – durch all die Blumen- und Blütenherrlichkeit gebummelt war, da hörte er plötzlich seinen Namen rufen.

„Herr von Sonnenstrahl."

„Ha?" machte er und drehte sich nach allen Seiten um. Da merkte er, daß eine zarte rosenrote Pfirsichblüte ihn gerufen hatte.

„Sie wünschen?" fragte er.

„Ach" – sagte die Pfirsichblüte schüchtern – „ich habe eine große Bitte an Sie. Wir haben gestern ein kleines Baby bekommen. Heute soll es getauft werden, und da wollten wir nur fragen, ob Sie nicht Pate stehen wollten."

„Ich – Pate stehen. Hm" – machte der Sonnenstrahl – „haben Sie sich die Sache auch reiflich überlegt? Wissen Sie wirklich keinen Würdigeren als mich? Ich – hm, ich werde häufig überschätzt. Mein Vermögen, meine ich. Es ist nicht alles Gold, was glänzt."

„Ach nein – ach nein", wehrte die Pfirsichblüte, und ihre Wangen wurden noch ein bißchen röter dabei – „so meinen wir es nicht. Darauf kommt es uns gar nicht an. Wir dachten nur, weil Sie doch solch ein warmes, goldenes Herz haben – deswegen wollten wir Sie gern zum Paten für das Kindchen haben. Wenn wir dann mal sterben, dachten wir – Sie wissen ja, daß Blütenleute niemals lange leben –, so wird unser Kindchen doch nicht verlassen sein, denn Sie werden es liebhaben."

„Hm", machte der Sonnenstrahl. „Hm. Nun gut – ich nehme die Patenstelle an. Wo ist denn das Kleine?"

Da bedankte sich Frau Pfirsichblüte vielmals und hob ein Zipfelchen des rosenroten Tüchleins auf, womit sie das Kindchen auf ihrem Schoße zugedeckt hatte. Viel war ja nicht von ihm zu sehen – ein winzig kleines grünes Pünktchen nur; aber Frau Pfirsichblüte lächelte so glücklich, daß der Pate es doch sehr niedlich fand.

„Und wann soll die Taufe sein?" fragte er.

„Oh – gleich! Sie können gleich hierbleiben. Herr Pfarrer Morgentau ist ja schon da und wartet."

Ja, der Herr Pfarrer Morgentau, der wartete schon voller Ungeduld. „Wenn ich bitten darf, liebe Leutchen – wenn ich bitten darf", sagte er. „Zweihundert Kinder hab ich schon getauft heut' morgen, und ebenso viele kommen jetzt noch dran. Ja, ja – es ist unglaublich, wie viele Babys bei dem Blütenvölkchen auf die Welt gekommen sind."

Man kann sich denken, daß bei so viel Arbeit der Taufakt selber etwas eilig vor sich ging. Ehe man sich's versah, war die Feierlichkeit schon vorbei und der Pfarrer Morgentau schon wieder unterwegs. Auf der Pfirsichblüte aber glänzte ein großer, klarer Wassertropfen. Ob das noch von dem Taufwasser war, oder eine Träne aus dem Auge der Pfirsichblüte? Wer kann's wissen!

Der neue Pate aber gratulierte nun, gab seinem Patenkindchen einen Kuß und trank dann noch ein Gläschen frischen Tau-Champagner.

„Mm – aah!" machte er gerade.

Sum sum – da kam's auf einmal angeschwirrt.

„'nen schönen Gruß von Madame Pfirsichblüte nebenan, und –"

„Herrje –" rief da der Sonnenstrahl und ließ beinahe sein Gläschen fallen – „doch nicht etwa noch ein Patenkind?"

„Sum sum", machte das Bienchen und nickte mit dem Kopfe. „Frau Pfirsichblüte läßt recht herzlich darum bitten."

Was wollte der Sonnenstrahl da machen? Nein sagen? Das ging doch nicht. Also trank er schnell sein Gläschen aus und begab sich in das Haus des Nachbarn.

Hier war es dieselbe Geschichte. Der Pfarrer kam und taufte, die Pfirsichblüteneltern legten dem Herrn Paten Sonnenstrahl ihr Kindchen warm ans Herz – dann wurde gratuliert und schnabuliert.

Aber sieh da: gerade, als man dem Paten zum zweitenmal das Gläschen vollgoß ... sum sum – da kam es von der anderen Seite angeschwirrt. „Einen schönen Gruß von der Frau Aprikosenblüte ..."

Der Sonnenstrahl machte ein so entsetztes Gesicht, daß das Bienchen nicht wagte, weiterzureden. Einen Augenblick überlegte er, ob er jetzt nicht am besten einfach Reißaus nähme. Als er aber das betrübte Bienchengesicht sah, da sagte ihm doch sein warmes Herz: „Na – sag nur ja. Hast du zwei Patenkinder, kannst du auch dreie haben."

„Ich komme – ich komme schon!" sagte der Sonnenstrahl zu dem Bienchen.

Meint ihr vielleicht, das dritte Patenkind wäre aber nun das letzte gewesen? Da seid ihr schön im Irrtum! Wißt ihr, wie oft der Sonnenstrahl an diesem Frühlingstage noch bei kleinen Blütenbabys Pate stand? Nun – ratet mal. Hundert – und dann noch mal – und dann noch mal hundertmal. Entsetzlich, gelt?

Ja – erst fand's der Sonnenstrahl ja selber auch entsetzlich. Aber, merkwürdig: je mehr der kleinen Blütenbabychen der Sonnenstrahl alsdann ans Herz gelegt bekam – je größer, meinte er, würde sein Herz. Bei jedem Patenkindchen ward's ein bißchen größer, wie es schien. Und schließlich zählte er schon gar nicht mehr und war kein bißchen mehr entsetzt. Von einem Blütenbaum zum anderen eilte er – zu Aprikosen-, Pfirsich-, Pflaumenblüten, half taufen, gratulierte, gab den Mamas in ihren blütenweißen und zartrosa frischen Festtagskleidern mit ihren Babys einen Kuß und trank Tauwein oder perlenden Champagner.

Uiii ... als er an dem Abend nach Hause kam, da brummte ihm aber der Kopf! Ein paar hundert Patenkinder – ein paar hundert Gläschen Tau-Champagner – oooh ...

Schnell hinein ins weiße Wolkenbett! Und schlafen – nichts als schlafen!

Es war aber doch ein rechtes Glück, daß die Blüteneltern alle die Sorge für ihre Kinderlein dem Sonnenstrahl übergeben hatten. Denn als der am anderen Tage wieder auf die Erde kam, in das Tal, in dem das Blütenvölkchen wohnte – denkt euch: da waren viele, viele von den Blüteneltern schon gestorben. Auf der Erde lagen all die Festtagskleider, ganz zerknittert, schmutzig und zerrissen. Die kleinen Babys aber waren ganz allein. Andere

Blüten saßen zwar noch auf den Ästen, aber sie waren schon ganz welk und matt und konnten nur mit ganz schwacher Stimme noch einmal rufen: „Vergiß – unser Kindchen nicht."

„Nein, nein – ich vergesse keins!" sagte der Sonnenstrahl, und es wollte ihm schon ganz traurig zumute werden.

Aber lange Zeit zum Traurigsein hatte er nicht, denn nun fing ja seine Arbeit an. Vor allem mußte er nun die armen, kleinen, verlassenen Babychen mal recht schön warmhalten, wie es vorher ihr Mütterchen getan. So zarte kleine Körperchen – denkt doch, wie leicht sie hätten sonst erfrieren können! Dann hatte er gestern gesehen, wie die Kleinen auch zuweilen gewiegt wurden. Wahrscheinlich, um zu schlafen. Ja – wen sollte er dafür nun anstellen? Er selbst konnte das doch wahrhaftig nicht alles tun.

Da kam der Wind des Wegs dahergegangen. „He – Gevatter!" rief der Sonnenstrahl ihn an, „würden Sie's nicht übernehmen, meine kleinen Patenkinder in den Schlaf zu wiegen?"

„Gern! Gern!" sagte der Wind, und er packte gleich eins von den Pfirsichbabys und schlenkerte es – wupp, wupp, wupp – auf seinen Armen herum.

„Halt! Halt! – Sie Grobian!" rief da der Sonnenstrahl entsetzt. „Sie schaukeln ja die armen Würmchen tot! Leise macht man das – sooo – sooo – ja, so."

Der Sonnenstrahl seufzte.

„Nun noch 'ne Badefrau", dachte er. „Und dann noch jemanden, der ihnen zu trinken gibt. Darum werd ich wohl ein paar Wolkenfrauen bitten müssen."

Und am Abend, als der Sonnenstrahl heimkam, machte er sich auf die Suche nach Bade- und nach Kinderfrauen.

„Ei! Ei!" machten seine Brüder, und „Ei! Ei!" machten die Abendwölkchen und lachten und drohten mit den rosigen Fingerlein. Aber der Sonnenstrahl lachte nur und sagte ihnen, sie sollten nicht so neugierig sein und sich um ihre Sachen kümmern.

Jeden Tag, wenn der Sonnenstrahl nun wieder auf die Erde kam, da sah er nach, ob seine Angestellten, die Wolkenkinderfrauen und der Wind, ihre Sache auch gut gemacht. Wehe, wenn sie das nicht getan! Wenn sie die Kleinen zu derb angepackt oder wenn gar die Kinderfrauen das Baden oder das Zutrinkengeben vergessen hatten, so daß ein paar von den kleinen Wesen verdurstet waren. Ui je – da kriegten sie aber schön ihre Schelte vom Herrn Paten!

Als die Pfirsich- und die Pflaumen- und die Aprikosenbabys dann ein ganz klein bißchen größer wurden und schon ein wenig Unterhaltung haben mußten, da sorgte der gute Pate auch dafür. Er bestellte Musikanten – Vogelsänger und -sängerinnen; die setzten sich neben die Kleinen und sangen ihnen schöne Liedchen vor. Schelmenliedchen – und wenn sie schlafen sollten, ein Schlummerlied.

Kein Wunder, daß ihnen das gefiel! Und kein Wunder, daß die Musikanten und der Wind und auch die Wolkenkinderfrauen überall erzählten, was für ein guter Patenonkel der Herr von Sonnenstrahl doch sei, so daß bald überall von ihm die Rede war.

Nun kam die Zeit, da auch die Kirsch- und dann die Birn- und dann die Apfelbäume anfingen zu blühen. Hunderte und noch mal Hunderte von weißen und rosa Blüten machten da nun wieder Hochzeit, und Hunderte und noch mal Hunderte von kleinen Babys kamen wieder auf die Welt.

Was glaubt ihr? Und von all den – all den kleinen Babys wurde nun der Sonnenstrahl auch wieder Pate. Denn als die Kirschen- und die Birnen- und die Apfelblüteneltern von dem guten Paten hörten, da wollten sie ihn selbstverständlich doch auch für ihr Kleines haben.

Oje! Oje! Oje! Wenn der Sonnenstrahl sich nun (ein paar Wochen später) so in dem Tale umsah und sah, wie es da überall in Gärten, Feld und Landstraße von Patenkindern nur so wimmelte – da wurde ihm doch manchmal siedend heiß und himmelangst dabei.

„Wie krieg' ich sie nur alle satt – und daß sie alle ordentlich gekleidet gehen – und daß aus allen was Gescheites wird? Oje! Oje!"

Ein Glück war's nur, daß in die Baumwohnungen inzwischen auch noch andere Leute gezogen waren. Grünwarenhändler waren es meistens: grüne Blätter meine ich. Die versprachen, auf die kleinen Obstkinder mit aufzupassen und auch mit für ihre Nahrung zu sorgen.

„Schön, schön. Ich danke Ihnen tausendmal, meine Herrschaften", sagte der Sonnenstrahl.

So viele Leute aber nun auch halfen, für den Paten Sonnenstrahl blieb doch die meiste Arbeit übrig. Da hingen sie nun alle, die kleinen Früchte, und waren noch grasgrün und sauer, ungenießbar. Und – mit Seufzen wurde der Herr Pate es gewahr – sie hatten allesamt doch recht, recht harte Köpfe! Da war es nun an ihm, die unreife Frucht in eine reife , wohlgebildete und süße zu verwandeln.

Das war nicht leicht. Manchmal verlor er die Geduld, und „Kroppzeug – Dickkopf – grüner Junge!" schalt er, wenn so ein Pfirsich- oder Apfelbube gar keine Räson annehmen wollte.

Die kleinen Mädchen waren aber nicht viel besser. Die Kirschen wurden zwar am schnellsten reif – aber sie waren auf die schönen roten Kleidchen, die der Pate ihnen schenkte, auch nicht wenig eitel und „habten" sich so sehr damit und lockten und riefen, bis – brrr – husch, husch – von hier und da und dort eine ganze Schar kleiner Verehrer geflogen kam.

„Zum Anbeißen niedlich seid ihr", sagten die Spatzen, und sie bissen in der Tat so an – mehr, als den Kirschen selber und dem Herrn Paten lieb war.

„Da hab ich mir ja ein paar nette Früchtchen herangezogen", dachte er. „Na – 's ist 'ne gute Lehre. Den anderen Mädchen werd ich etwas weniger auffallende Kleider geben."

Da die Kirschen nun aber reif waren, hielt der Pate es für an der Zeit, sie für ihren künftigen Lebensberuf vorzubereiten und ihnen noch ein paar gute Lehren mit auf den Weg zu geben.

„Gleichwohl, ob ihr zu Marmelade oder zu Kompott oder zu Kirschkuchen verwendet werdet – haltet euch gut und werdet mir nicht faul, denn das ist das schlimmste, was man einem Obstkinde nachsagen kann."

Die Kirschen versprachen alles, ließen sich von dem guten Patenonkel noch einen Abschiedskuß geben – und dann kamen Männer mit Körben auf die Bäume geklettert und pflückten sie ab.

„Merkwürdig, wie viele Zwillinge und Drillinge doch in der Familie Kirsche sind", dachte der Sonnenstrahl. Aber er war doch ganz stolz auf seine netten, frischen, drallen Patenmädels, als sie dann alle so beieinander in den Körben lagen.

„Onkelchen, goldiges Onkelchen – warum bist du denn auf einmal so schnell hinter einer Wolke verschwunden, gestern, als die Kirschen fortgetragen wurden?“ – fragte am anderen Tage eine kleine Aprikose.

„Ach – weißt du“ – sagte der Sonnenstrahl – „das Abschiednehmen ist doch so 'ne Sache. Aber laßt nur – das verstehst du noch nicht. Mach nur, daß auch du schön reif und süß und saftig wirst, denn nun kommt auch bald die Reihe an euch.“ Und er streichelte die kleine Aprikose und küßte sie besorgt und innig auf ihr samtweiches Bäckchen, denn er fand, daß sie noch etwas blaß aussah und noch viel Farbe bekommen mußte.

Ja – er hatte abermals nicht lange Zeit zum Traurigsein, der gute Pate. Denn als er seine Patenkinder so betrachtete, da fand er, daß doch manches noch nicht so war, wie's sein sollte. Viele sahen noch sehr blaß aus, andere waren im Wachstum zurückgeblieben, mehrere davon sogar ganz verkrüppelt. Da hieß es weiterpflegen, sorgen und sich mühen.

Auch Unfälle aller Art passierten natürlich, wie es bei einer so großen Kinderschar ja gar nicht zu vermeiden. Viele von den Obstkindern fielen – trotz der Aufsicht des Paten, der Kinderfrauen und der Blattleute –, pardauz, vom Baum herunter. O weh – da gab es Löcher, Risse, Dellen und böse braune Flecken. Und manchem armen Früchtchen brachte gar der Fall den Tod.

Auch Krankheit schlich sich hier und da mit ein. Die bösen Würmer kamen und setzten manchem Kinde so zu, daß es sein Lebtag rein zu nichts mehr, zu nichts mehr zu gebrauchen war. Andere von den Früchten konnten auch wohl das viele Baden nicht recht vertragen und wurden davon schlapp und krank. Das waren lauter Sorgen für den Patenonkel. . . .

Aber na – im großen ganzen konnt' er doch zufrieden sein. Oftmals, wenn Leute durch das Tal und durch die Gärten gingen, hörte er sie sagen: „Dies Jahr gibt's ein gutes Obstjahr. Sieh nur, wie voll die Bäume alle hängen, und wie groß und schön die Früchte sind."

Das freute ihn, den Paten Sonnenstrahl, und mit erneutem Eifer ging er an die Arbeit. Seine Patenkinder sollten nicht nur schön aussehen – nein, gut sollte auch ihr Inneres sein, das war ihm die Hauptsache. Und um dies zu erreichen, konnte er nichts anderes tun, als immer, immer wieder ihnen nur von seiner eigenen Güte mitzuteilen, sie jeden Tag von neuem mit Liebe und mit Wärme zu bescheinen.

Und das wirkte. – Bald hingen die Aprikosen und die Pfirsiche mit roten Bäckchen da (die Pfirsichbubenbacken waren etwas rauher als die von den Aprikosen), wurden von den Bäumen abgemacht und fortgetragen. Und auch die Birnenfräuleins mit den mehr oder weniger schlanken Taillen kamen dran (ganz „madamig“ sehn ein paar davon schon aus – dachte der Pate) – die grünen Reineclauden, die so dick geworden waren, daß sie platzten, und ganz zuletzt die Pflaumen und die Äpfel.

„Die haben mir am meisten zu schaffen gemacht“, seufzte der Sonnenstrahl. „'s ist schrecklich, was für Dickköpfe darunter waren.“ Aber mit Wohlgefallen betrachtete er doch die kugelrunden, pausbäckigen kleinen Buben, die so schwer waren, daß man die Bäume mit Stangen hatte stützen müssen.

Das ist 'ne echte Sorte, dachte er. Fest, kernig, herb, gesund. Hm, schade, . . . ja, schade, daß die Blüteneltern alle nicht sehen können, was aus ihren Kleinen nun geworden ist . . .

Ja, wirklich – ich finde es auch schade. Ihr nicht? Sie würden sicher dem Herrn Paten sehr, sehr dankbar sein.

Aber weil sie es nicht mehr können – wißt ihr was? Wenn ihr mal einen Apfel oder eine Birne oder eine Kirsche eßt, die recht gut schmeckt – dann sagt ihr doch dem Paten Sonnenstrahl mal ein recht herzliches „Danke schön“. Das wird ihn freuen. Und er hat's doch verdient!

Die Regentropfen

Am Himmel zog eine große, dicke graue Wolke daher. Wißt ihr, woher es kam, daß sie so dick war? Sie war ganz gefüllt mit lauter kleinen Regentropfen.

Die Regentropfen machten der armen Wolke gar viel zu schaffen. Sie konnten es gar nicht abwarten, bis sie endlich hinunter auf die Erde durften, und rüttelten ungeduldig an der Wolkentür. Aber die Wolke selbst, die hatte es gar nicht so eilig; sie mußte doch auch erst jedem der kleinen Tropfen sagen, was er da unten für eine Arbeit zu verrichten habe. Denn ihr dürft nicht denken, daß die Reise nach der Erde bloß eine Vergnügungspartie für die Tröpflein werden sollte. O nein!

Nun blieb die Wolke stehen. „So, jetzt wären wir am Platze, nun kann's losgehen", sagte sie und schob die Wolkentür ein wenig auseinander. Husch

– da waren ein paar der neugierigsten auch schon durchgeschlüpft. Schnurstracks auf das Straßenpflaster liefen sie zu, und jedes malte einen dicken schwarzen Punkt darauf.

„Es fängt an zu regnen“, sagten die Leute und spannten die Schirme auf; und das war gut, denn nun kam mit einem Male die ganze Tropfengesellschaft angelaufen – alle angefaßt, in langen Reihen.

Hei – war das lustig! Sie tanzten und hüpften auf der Straße herum und malten sie ganz schwarz an. Wo eine Vertiefung war, da sprangen sie hinein, so daß gleich eine Pfütze entstand, und dann kamen wieder andere, die sprangen in die Pfütze hinein und tanzten darin im Kreise herum.

Auf dem Trottoir mochten sie nicht gerne bleiben, sie liefen lieber nebenher, und wenn sie einem Blatt oder einem Stück Papier begegneten, das auf der Straße lag, so riefen sie: „Komm mit! Komm mit!“ und rissen es mit sich fort. Das war eine lustige Fahrt!

Und einen Lärm machte die Gesellschaft – ganz schrecklich! Das rieselte und rauschte, das plitschte und platschte – vor lauter Vergnügen! Oh – was waren das doch für leichtsinnige, vergeßliche Tröpflein; hüpften und tanzten da herum, freuten sich und dachten gar nicht mehr an die Arbeit, die ihnen die Wolke aufgetragen.

Es war nur gut, daß wenigstens nicht alle so

waren, daß auch vernünftige, fleißige Tropfen darunter waren, die die Arbeit besorgten.

Denn zu tun gab's eine ganze Masse. Da waren zuerst die Dächer, die reingewaschen werden sollten – und das war eine große Arbeit, dabei mußte eine ganze Menge Tröpflein helfen. Aber sie taten es gerne.

„Wie lustig das ist", sagten sie und schrubbten die Dachsteine schön blank. „Hu – aber vorsichtig muß man sein, das geht ja ganz schräg hier. Wenn die Dachrinne nicht wäre, dann wären wir jetzt vom Dache heruntergefallen. Aber was ist denn das für ein Rohr, das auf die Straße hinunterläuft?"

Neugierig wie die Tröpflein nun einmal waren, wollten sie in das Rohr hineinsehen – plumps – da fielen sie hinein.

War das eine lange Rutschpartie in dem stockfinsteren Rohre! Endlich kamen sie wieder ans Tageslicht – aber gefangen waren sie doch – in einem Regenfaß nämlich; das hatten die Leute hier aufgestellt, um Regenwasser zum Waschen zu bekommen.

„Nun sind wir gefangen", klagten die Tröpfchen, „nun kriegen wir gar nichts mehr zu sehen, und wir haben uns doch auf diese Reise so gefreut! Was wohl die anderen jetzt machen? Ob sie auch nicht vergessen, die alte Landstraße draußen zu begießen?"

Nein, das hatten die anderen nicht vergessen. Die Landstraße hätte ihnen das auch schön übelgenommen! Sie brummte so schon ganz ärgerlich, weil sie so lange hatte warten müssen.

„Seht ihr denn nicht, wie staubig ich bin?" sagte sie zu den Regentropfen; die Leute wollten schon gar nicht mehr auf mir gehen. Gießt jetzt nur tüchtig zu. Vergeßt auch die Blumen hier neben dem Rande nicht – die jammern schon lange vor Durst."

Da mußten denn schnell ein paar Tröpfchen zu den Blumen eilen und ihnen Wasser bringen; sie waren schon nahe am Verdursten und ließen die Köpfe ganz tief hängen.

„Aah!" machten sie, als sie endlich zu trinken bekamen, und hoben die Köpfe, „aah! danke! danke! Wie gut, daß ihr kommt! Wir dachten schon, wir müßten sterben. Wenn ihr nicht gekommen wäret, hätten uns die Sonnenstrahlen verbrannt!"

„Die Sonnenstrahlen? Die sind doch so gut und freundlich", sagten die Regentropfen.

„Oh, sie können auch böse sein. Fragt nur einmal den Bach dort drüben auf der Wiese."

Ach, wie traurig sah der Bach aus! Wo früher alle die lustigen Wellenkinder gehüpft und getanzt hatten, über Steine gesprungen und geschwätzt und gelacht, daß man sie schon von weitem hörte, da lagen jetzt nur noch ein paar große Steine; über die schlichen nur noch ein paar übriggebliebene Wellchen traurig und langsam hinüber.

„Wo sind denn alle deine Kinder?“ fragten die Regentropfen den Bach.

„Ach, die Sonnenstrahlen haben sie mir weggeholt. Die sind immer so heiß und durstig, wenn sie uns besuchen; da kommen ihnen meine Tröpflein gerade recht.“ Da hatten nun die Regentropfen wieder ihre liebe Not, bis sie den armen Bach getröstet hatten.

„Wir wollen bei dir bleiben und deine Kinder sein“, sagten sie und sprangen zu ihm hin. Es waren aber viele tausend Tröpflein nötig, ehe der Bach wieder so voll war wie früher. Ihr hättet aber auch einmal sehen sollen, wie froh und stolz er dann wieder daherrauschte.

Nicht alle Regentropfen bekamen so viel von der Welt zu sehen, wie die, die nun mit dem Bache weiterreisen durften; aber etwas erlebten sie alle, manche sogar etwas recht Niedliches.

Da waren welche, denen hatte die Wolke gesagt, sie sollten den großen Baum reinwaschen, der mitten auf der Wiese stand. Das hatten sie getan und ruhten nun auf den grünen Blättern von ihrer Arbeit aus.

„Piep! Piep!“ hörten sie da jemand sagen. „Es ist doch gut, daß der Regen das große Reinemachen besorgt; es ist doch allemal eine fürchterliche Arbeit in dem großen Hause."

Nun wußten die Tropfen, daß der Baum einer Vogelfamilie zur Wohnung diente. Sie wollten aber die Familie gern einmal sehen und durchsuchten die ganze Wohnung nach ihr. Alle Zimmer darin waren grün; es schien die Lieblingsfarbe der Vogelfamilie zu sein.

Endlich fanden sie sie im Schlafzimmer, das natürlich auch grün war. Nur die Vogelmama und das Jüngste waren zu Hause! Das Kleine lag in der Wiege und piepste.

„Piep! Sei ruhig", sagte die Mutter und zog die grünen Wiegenvorhänge zusammen. „Hörst du, wie es draußen regnet? Das ist gut für uns, da kommen alle Würmchen und Käfer aus der Erde herausgekrochen. Wenn du jetzt brav einschläfst, hole ich dir morgen ein paar recht fette."

Da war das kleine Vogelkind mäuschenstill.

Oben am Himmel stand die Wolkentür noch immer offen; es kamen immer noch neue Tropfen herunter, und alle wollten noch etwas sehen und erleben.

„Seht ihr das kleine Mädchen mit seiner Puppe dort am Fenster?" sagte ein Tröpflein, „das wollen wir besuchen, kommt."

Aber das war nicht leicht; denn das Fenster war geschlossen. Sie klatschten an die Scheiben, aber es wurde nicht aufgemacht. Sie liefen die ganze Scheibe hinunter und suchten nach einem Eingang. Endlich fanden sie ein ganz schmales Ritzchen unten am Holze, durch dieses quetschte sich nun eines nach dem anderen durch.

Nun waren sie drinnen in der Stube, bei dem kleinen Mädchen. Es hatte ein feines weißes Kleid an mit einer roten Schärpe, und die Puppe auch. Aber trotzdem machte es gar kein vergnügtes Gesicht, sondern ein sehr böses.

„Seht doch – seht!" rief plötzlich eines der Tröpflein, „auf dem Gesicht des kleinen Mädchens regnet es auch." Wirklich, über die Backen liefen zwei dicke Tropfen.

Die wurden aber gleich ganz böse. „Wir sind keine Regentropfen, wir sind was viel Feineres", sagten sie, „wir sind Tränen. Das kleine Mädchen hat uns geweint, und ihr seid daran schuld. Warum kommt ihr gerade heute? Wußtet ihr nicht, daß es heute mit seiner Puppe spazierengehen wollte?"

„Nein, das wußten wir nicht, und es tut uns leid", sagten die Regentropfen. „Ihr seid ein unnützes Volk – jedermann ärgert sich bloß über euch", schalt nun auch das kleine Mädchen. Aber die Regentropfen sagten: „Nein, das ist nicht wahr, wir sind nicht unnütz. Sieh dir bloß das Dach da drüben an; ist es nicht blitzblank? Das haben wir getan. Alle Dächer in der ganzen Stadt haben wir gewaschen. Und es ist auch nicht wahr, daß sich jedermann über uns ärgert. Guck doch mal auf die Straße hinunter, siehst du die Tauben dort? Wie vergnügt die sich in den Pfützen baden, die wir gemacht haben! Sie baden sich am allerliebsten im Regenwasser und freuen sich immer sehr, wenn es regnet. Und viele, viele andere haben sich auch gefreut."

Und nun erzählten sie von der staubigen Landstraße, die sie begossen, und von den durstigen Blumen, denen sie Wasser gebracht. Sie erzählten von dem armen Bach, der seine Kinder verloren und so froh war, daß er wieder neue bekam, und von dem kleinen Vögelein, das sich auf die Würmchen und Mücken gefreut.

Das kleine Mädchen hörte sehr aufmerksam zu. „Der arme Bach", sagte es einmal ganz leise, „und die armen, armen Blumen. Es war doch gut, daß ihr kamt, sonst wären sie sicher verdurstet."

„Bist du uns denn nicht mehr böse?" fragten die Regentropfen. „Wir sind doch daran schuld, daß du nicht spazierengehen konntest."

„Ach", sagte die Kleine und lachte, „das hatte ich ja ganz vergessen!" dabei wischte sie mit der Hand über die Backe, aber sieh' da: die Tränen waren weg!

Der Regenbogen

Heute hatte Mutter Sonne einen schweren Tag. Dicke graue Regenwolken standen am Himmel, schon seit dem frühen Morgen. Auch nicht das kleinste Ritzchen, nicht das kleinste Löchlein war dazwischen, durch das man auf die Erde hätte hinuntergucken können.

Hinter der grauen Wolkenmauer aber standen alle die tausend kleinen Sonnenstrahlen in ihren goldenen Röckchen und waren verdrießlich, weil sie nicht hinunter konnten, und langweilten sich und machten der Frau Sonne viel zu schaffen.

„Wollt ihr wohl die Wolken in Ruhe lassen", schalt sie ein paar Strahlen, die immerfort die grauen Regenwolken kitzelten und stachen, damit sie weggehen sollten. „So freut euch doch, daß die arme, trockene, durstige Erde da unten endlich etwas zu trinken bekommt. Ihr habt es ja selbst gehört gestern, wie die Bäume und Sträucher, die Getreide- und Gemüsefelder klagten, daß sie vertrocknen und verdursten müßten, wenn nicht bald Regen käme. Na, und wenn sie verdursten und vertrocknen, dann haben die Menschen kein Brot, kein Gemüse und keine Früchte mehr. Möchtet ihr das?"

„Nein", sagten die Sonnenstrahlen, aber es kam ein bißchen leise heraus.

„Aber warum müssen wir denn nun gerade immer zu Hause bleiben, wenn es regnet? Warum kann denn nicht mal Regen und Sonnenschein auf der Erde sein?"

„Seid doch gescheit!" sagte Mutter Sonne. „Wie geht denn das! Ihr würdet ja doch gleich alles wieder auftrocknen, was der Regen naßgemacht hat, und dann würde der Regen gar nichts nützen."

Das sahen die Sonnenstrahlen nun freilich ein. Aber zufrieden gaben sie sich doch nicht damit. Sie dachten es sich doch zu schön, einmal mit den Regentropfen zusammen auf die Erde hinunterzukönnen.

Sie kannten sich ja überhaupt noch nicht einmal ordentlich, die Regentropfen und die Sonnenstrahlen. Auf der Erde durften sie nicht zusammen sein, und oben am Himmel, da waren die kleinen Regentropfen ja immer in den dicken Wolken eingeschlossen.

Wahrhaftig – viele von den Sonnenstrahlen wußten überhaupt gar nicht, wie die Regentropfen aussahen.

„Haben sie auch so schöne goldene Kleider an, wie wir?“ fragten sie.

„I bewahre – sie haben überhaupt keine Kleider an, weder goldene, noch grüne, noch rote. Sie haben überhaupt keine Farbe – es sind eben nur Wassertropfen.“

Die Sonnenstrahlen, die das sagten, hatten einmal, kurz nachdem es geregnet hatte, auf die Erde geschienen, und da hatten sie noch ein paar Tropfen von den Bäumen fallen sehen.

„Keine Farbe? Wie langweilig!“ meinten die anderen. „Wassertropfen – dann sehen sie wohl so ähnlich aus wie Tautropfen?“

„Ja, ja – wie Tautropfen, ganz richtig.“

„Oh, oh!“ rief da ein schöner goldener Sonnenstrahl – „Tautropfen, die kenn’ ich! Aber die sind nicht immer ohne Farbe. Gestern morgen, als ich auf die Wiese schien, da hing fast an jedem Grashalm ein solches Tautröpfchen. Die blinkten so hell, und das gefiel mir so gut – und da ging ich zu jedem einzelnen hin und betrachtete es mir. Und denkt euch – als mein goldenes Strahlenkleid die Tröpfchen berührte, da schillerten sie auf einmal in den schönsten Farben. Rot, orange, gelb-grün-blau-lila – es war ganz herrlich, sag’ ich euch.“

Da waren die Sonnenstrahlen alle sehr erstaunt. Und einer von ihnen, ein ganz besonders kluger, der rief: „Ei, wie wär's, wenn wir das alle täten? Was du kannst, können wir auch. Und wenn die Tautröpflein, die doch auch nur Wassertropfen sind, durch die Berührung mit uns so schöne Farben bekommen, dann werden es die Regentropfen wohl auch. Kommt, kommt – wir wollen zu ihnen hingehen und ihnen schöne Kleider bringen."

„Ja, ja – und mit ihnen spielen."

„Und ihre Bekanntschaft machen."

Und „Ja! Ja!" und „Kommt! Kommt!" – so rief und winkte und nickte es plötzlich von allen Seiten; und es gab ein Huschen und Herbeischleichen, ein Gekribbel und Gekrabbel unter all den Sonnenstrahlen, daß es den dicken Regenwolken wirklich ungemütlich wurde.

„Nicht zum Aushalten ist es heute wieder mit der Gesellschaft", brummte die eine, und ärgerlich rückte sie ein wenig zur Seite. Kaum aber hatten die Sonnenstrahlen das gesehen, da ging es schon „husch, husch" zur Himmelstür hinaus.

Da hatte Mutter Sonne gut rufen!

Als die Regentropfen draußen aus dem grauen Himmel plötzlich all die hellen, goldenen Strahlen herauskommen sahen, da waren sie zuerst mächtig erstaunt. – Ja – sie waren so erstaunt, daß sie beinahe zu regnen vergaßen.

Aber die flinken kleinen Sonnenstrahlen ließen ihnen nicht erst lange Zeit zum Staunen und Fragen.

„Guten Tag – wir wollten gern eure Bekanntschaft machen", sagten sie.

„Ja – und mit euch spielen."

„Was könnt ihr denn? Könnt ihr: Wir bauen eine Brücke?"

„Nein – das können wir nicht", sagten die Regentropfen, „aber ihr könnt es uns lehren."

„Ja, ja – ihr braucht uns nur an unseren Röckchen hinten anzufassen, das andere machen wir schon. Aber flink – eh' Mutter Sonne uns heimholt!"

Da faßte fix jeder der Regentropfen ein goldenes Röckchen an . . .

Und da – gerade als sie anfaßten – was war das? Rot, orange, gelb-grün-blau und lila leuchtete es auf einmal überall auf!

In den herrlichsten Farben schillerten auf einmal alle die Regentropfen. Gerade wie der kleine, kluge goldene Sonnenstrahl es vorausgesagt.

Das war eine Freude!

Und das war eine Brücke, die Sonnenstrahlen und Regentropfen da im Spiele bauten! Ein Brückenbogen – so schön, so buntschillernd, wie noch kein Baumeister auf der Erde jemals einen gebaut hatte.

Und die Leute unten auf der Erde, die den ganzen Tag nur den grauen Regenhimmel hatten ansehen müssen und nun auf einmal den wundervollen Farbenbogen da oben stehen sahen, die freuten sich auch mächtig!

„Ein Regenbogen!“ riefen sie – „kommt schnell ans Fenster, Kinder – ein Regenbogen. Aber schnell, schnell – sonst vergeht er wieder.“

Der Schnee

Heute war Weihnachten. –

Aber erst heute abend! – Jetzt war es noch ganz hell auf der Straße und im Garten, denn es war noch Tag.

„Heute abend ist Weihnachten“, zwitscherten die Spatzen sich im Garten gegenseitig zu, und dann flogen sie zu den Bäumen und Sträuchern hin, um es denen zu erzählen.

Aber die wußten es schon.

„Wir haben gesehen, wie der Christbaum in das Haus getragen wurde“, sagten sie. – Die Spatzen hatten aber noch viel mehr gesehen, denn neugierig, wie sie nun einmal waren, hatten sie sich den ganzen Nachmittag auf dem Fensterbrett herumgetrieben und in das Zimmer geguckt, worin die Weihnachtsbescherung aufgebaut war.

„Den Christbaum“, sagten sie, „haben wir auch

gesehen; aber wir hätten ihn beinahe nicht wiedererkannt, so schön war er geschmückt mit Äpfeln und Nüssen und Gold und Silber."

„Wie schön!" sagten die Bäume und Sträucher und blickten traurig auf ihre kahlen Äste nieder. Da waren nicht einmal mehr Blätter daran. Und der große Apfelbaum auf dem Rasenplatz gedachte wehmütig der schönen Zeit, in der er auch voll schöner roter Äpfel gehangen hatte.

„Vielleicht sind es meine Äpfel, die nun an dem Christbaum hängen", sagte er. Das wußten freilich die Spatzen nicht; aber noch viel anderes wußten sie und erzählten es.

„Der kleine Junge, der Richard, der kriegt eine Kappe, und Hermine einen Mantel und ein Buch mit Geschichten; wir haben das alls auf dem Tische liegen sehen; auch eine schöne warme Decke für die Großmutter lag dabei, damit sie nicht friert. Aber das Schönste, das kommt erst noch! Heute abend, wenn die vielen Lichter an dem Christbaum erst alle brennen. Das wird herrlich!"

„Ja – ihr habt's gut", brummte die dicke Pumpe, die auch im Garten stand. „Unsereins kriegt keine Geschenke und sieht nichts von Christbaum und Lichtern. Wenn ich doch auch fliegen könnte!"

Darüber mußten die Spatzen nun furchtbar lachen. Es war doch auch zu komisch, zu denken, daß die dicke Pumpe fliegen könne.

Die andern im Garten gaben aber alle der Pumpe recht.

„Wenn man wenigstens eine Kappe geschenkt bekäme“, riefen die hölzernen Pfähle des Gartenzauns.

„Oder einen schönen Mantel“, meinte das Dach der Laube.

Der Rasen wollte lieber eine warme Decke haben wie die Großmutter, um seine Grashälmchen damit zuzudecken, denn die froren gar gewaltig in dem kalten Winter.

„Ein Buch mit schönen Geschichten wäre auch nicht übel“, sagten die Sträucher. „Es ist doch manchmal ganz entsetzlich langweilig im Winter, wenn keine Schmetterlinge und Vögel kommen, um uns was zu erzählen.“

So wünschte sich alles im Garten etwas. Ja – wünschen konnten sie sich schon – aber wer sollte die Wünsche alle erfüllen? Das Christkind etwa? Ach – das hatte wahrhaftig gerade genug mit den Menschen zu tun.

Traurig blickten Bäume und Sträucher und der Rasenplatz und die Zaunpfähle zum Himmel hinauf; da war es ganz grau, ganz grau.

„Es ist schon das klügste, wir schlafen ein“, sagte der Rasen. „Zu sehen bekommen wir ja doch nichts von all den Herrlichkeiten; es ist ja auch schon ganz dunkel geworden.“ Die anderen dachten das auch, und bald darauf war es im ganzen Garten mäuschenstill. – Alles schlief.

Aber was war das, das plötzlich oben vom Himmel herunterkam? Lauter kleine weiße Flöckchen: Schneeflocken waren es. Was wollten sie wohl? Warum kamen sie herunter auf die Erde? Und so leise kamen sie, so leise, daß man sie gar nicht hörte. Und nur ganz sachte sprachen sie miteinander.

„Wie kalt das ist“, flüsterten die einen; „es ist nur gut, daß uns die Mutter Wolke unsere weißen Sternmäntelchen angezogen hat.“ Sie waren sehr stolz auf ihre schönen weißen Sternmäntel, und die kleinsten von ihnen tanzten in der Luft herum vor lauter Vergnügen.

Ein paar ganz große Flocken waren auch dabei, aber sie flogen schön langsam und vernünftig ihres Weges daher und hielten auch die andern zur Ordnung an.

„Nun macht eure Sache gut“, sagten sie. „Und daß ihr nichts vergeßt! Und daß ihr schön leise macht, damit niemand im Garten aufwacht, sonst ist's mit der Überraschung vorbei.“

Die Schneeflocken nickten stumm. Nun waren die ersten unten im Garten angelangt. Nichts rührte und regte sich darin, alles schlief. Das war den Schneeflocken gerade recht, denn sie hatten eine große Überraschung vor. Leise wanderten sie zu den schlafenden Sträuchern und zu den Bäumen hin und schmückten sie fein zierlich aus. Kein Zweiglein, auch nicht das allerkleinste, wurde vergessen; es sah aus, als wäre alles in Zucker getaucht. Und wie flink die kleinen Schneeflocken bei ihrer Arbeit waren und wie leise sie taten. Es war sehr gut, daß so viele Schneeflocken daran waren, denn es gab eine Menge zu tun. Das Dach der Laube sollte einen Mantelkragen bekommen, so wie es sich einen gewünscht hatte. Das war aber gar nicht so leicht, denn die Laube war schon alt und hatte keinen so festen Schlaf mehr; sie knackste manchmal ganz unheimlich, so daß die Schneeflocken sehr erschraken und schon dachten, die Laube könne aufwachen; aber sie hatte nur im Traum geknackst, so wie die Menschen manchmal im Traum sprechen.

Am meisten Arbeit aber machte doch die Decke für den großen Rasenplatz. Die guten Schneeflocken hatten ihre eigenen Sternmäntelchen dazu hergegeben – viele, viele tausend davon lagen schon auf dem Rasen. Aber immer noch war die Decke nicht dick und warm genug, und es mußten immer und immer noch Schneeflocken vom Himmel herunterkommen und ihre Mäntelchen oben drauflegen.

Endlich, endlich war die Decke fertig. Es war eine prachtvolle Decke – so frisch und weiß und warm. Nun froren die armen Grashälmchen sicher nicht mehr.

„Ist nun alles fertig?“ fragten die Schneeflocken.

„Ach nein – ach nein –“ flüsterte es an allen Ecken und Enden – „wir sind noch lange nicht fertig! Es sind aber auch so entsetzlich viele Kappen, die wir aufzusetzen haben. Helft uns doch, helft uns doch, sonst kommt der Morgen und wir sind noch nicht fertig.“ – Nun ging es aber husch! husch! an das Austeilen der Kappen. Jedes Ding im Garten, das noch nichts bekommen hatte, bekam ein weißes Schneepelzkäppchen aufgesetzt: jeder Stein, jeder Pfahl am Zaun, sogar die alte Pumpe bekam eins. Weil es aber so arg in der Eile ging, kam es wohl vor, daß eins oder das andere eine Mütze bekam, die ihm zu groß oder zu klein war – oder daß sie ihm schief auf dem Kopfe saß. Aber das schadete nichts. Die Hauptsache war, daß niemand vergessen wurde und daß man bald fertig war. Und man war bald fertig. Nun brauchten keine Schneeflocken mehr zu kommen. Nur noch ein paar wurden von der Mutter Wolke herabgeschickt; die sollten nachsehen, ob die anderen ihre Sache gut gemacht hatten. Das hatten sie wirklich, man konnte mit ihnen zufrieden sein.

Und nun war eine Weile wieder alles ganz still im Garten. Aber dann am anderen Morgen – das hättet ihr sehen sollen! Das war ein Erstaunen, ein

Jubel und eine Freude, als nach und nach alle aufwachten und die Bescherung sahen. Die Sträucher wagten sich nicht zu rühren aus Angst, etwas von dem herrlichen Schmuck zu verlieren. Der Rasenplatz war glücklich über die schöne, warme Decke, die alte Laube aber, die sonst immer am ersten aufgewacht war vor Kälte, die wachte heute zu allerletzt auf, so gut hatte sie in ihrem warmen Kragen geschlafen.

Am allermeisten Vergnügen hatten aber doch die Zaunpfähle.

„Dürfen wir diese schönen Kappen nun wohl immer behalten?“ fragten sie. Aber der Morgenwind, der garade des Weges daherspaziert kam, gab ihnen gleich die gehörige Antwort darauf.

„Wo denkt ihr hin“, sagte er, „wartet nur bis die Sonne kommt, die wird sie euch schon von den Ohren ziehen; sie mag solche Verwöhnung nicht leiden.“ Er ärgerte gern ein bißchen die Leute, der Morgenwind. „Pff!“ machte er und blies noch rasch im Vorbeigehen dem einen Strauch ein bißchen von seinem Schmuck herunter, so daß ein kleines weißes Schneewölkchen in die Höhe flog.

Nun kam noch ein anderer Besuch in den Garten, ein Rabe, ganz feierlich, im schwarzen Anzug.

Er habe von der herrlichen Bescherung gehört und komme, sie sich anzusehen, sagte er. Dabei nahm er auf der alten Pumpe Platz.

„Was haben Sie denn da für eine Schlafmütze auf?“ fragte er. „Sind Sie so faul, daß Sie eine brauchen?“ und dabei hob er das eine Bein und strich der Pumpe die schöne Kappe vom Kopf herunter.

„Mach, daß du fortkommst, Grobian!“ sagte sie und drohte ihm mit ihrem Schwengel, so daß der Rabe Angst bekam und fortflog.

„Ich will einmal probieren, wie sich's auf dem neuen Teppich geht“, sagte er. „Ganz schön, nur ein bißchen glatt ist er, so ganz ohne Muster, ich will euch eins daraufmachen.“

Und nun hüpfte er auf dem Teppich herum, und überall, wo er hinhüpfte, gab es Striche, so daß der Teppich wirklich ganz gemustert aussah. Die anderen fanden, daß der Teppich früher viel schöner gewesen war; aber dem Raben gefiel es so viel besser, und er hätte sicher noch mehr Muster auf den Teppich gemacht, wenn – ja wenn nicht plötzlich mit großer Geschwindigkeit etwas Rotes dahergesaust gekommen wäre. Es war ein Schlitten. Die Kinder hatten ihn zu Weihnachten bekommen und freuten sich nun sehr, daß das Christkind ihnen auch den Schnee dazu geschickt hatte. Rings um den Rasen herum ging die fröhliche Fahrt. Dann wurde haltgemacht, und nun kamen die Schneeballen an die Reihe. Hui! da flogen sie – hier einer, da einer. Es war ein großes Vergnügen, ein richtiges, echtes Wintervergnügen.

Aber das Schönste kam noch. Das Schönste war ein Schneemann, den die Kinder aufbauten, gerade vor der alten Laube, als stehe er Schildwache davor. Es war ein prächtiger Schneemann, er mußte jedem gefallen, und er gefiel auch allen.

„Ein netter Kamerad, den wir da bekommen haben", sagten die Zaunpfähle. „Hoffentlich versteht er sich auch aufs Erzählen, damit wir ein wenig Unterhaltung haben."

Es wagte aber niemand, den Schneemann anzureden.

Glücklicherweise fing dieser von selbst an.

„Guten Morgen!" sagte er. „Guten Morgen!" antwortete es von allen Seiten.

„Es ist schönes Wetter heute", sagte der Schneemann, etwas anderes fiel ihm gerade nicht ein.

„Ja – aber heute nacht hat es geschneit."

„Hm" – machte der Schneemann, „natürlich hat es geschneit – stände ich sonst hier? – Nein, dann hätte ich sicher mit der Wolke noch ein gut Stück weiterreisen können und hätte noch viel von der Welt gesehen."

„Ei", sagten die Sträucher, „Sie haben gewiß schon schöne Reisen bis hierher gemacht, wollen Sie uns nicht davon erzählen?"

„Gern", sagte der Schneemann. – Und dann erzählte er.

„Ihr habt doch vorhin die Kinder in ihren

Schlitten fahren sehen? Das war ein Vergnügen, nicht wahr? Was würden diese Kinder wohl erst für ein Vergnügen haben, wenn sie in dem Lande wohnten, von dem ich mit der Schneewolke hergereist bin. Da liegt nämlich das ganze Jahr hindurch Schnee, so daß man immer Schlitten fahren muß. Das ist lustig, nicht wahr? Die Schlitten werden aber dort von großen Tieren gezogen, man nennt sie Rentiere. Die armen Tiere; der Schnee deckt ihnen oft alles Futter auf der Erde zu, sie müssen es sich unter dem Schnee hervorholen. Ich habe sie mit ihren großen Hörnern den Schnee fortschaufeln sehen. In diesem Lande ist es bitter kalt. Die Leute haben immer dicke Pelze an. Ja, wenn man mit einer Schneewolke reist, wie ich, dann bekommt man wirklich viel Merkwürdiges zu sehen.

Habt ihr vielleicht schon einmal ein Haus aus Schnee gesehen? Nein, aber ich habe eins gesehen – ja, ja, eine richtige kleine Hütte war's, mit Fenstern und Tür und Schornstein; auch Leute wohnten drin. Meint ihr vielleicht, die Leute hätten in ihren Schneehütten gefroren? O nein, der Schnee hielt sie schön warm. Der Schnee macht überhaupt schön warm. Einmal sah ich einen Mann, der hatte sich seine Nase rot und blau gefroren. Was glaubt ihr, was der tat? Er hob Schnee von der Erde auf und rieb sich seine Nase damit, und als er dies ein paarmal getan hatte, da war die Nase wieder heil.

Ich habe auf meiner Reise noch mehr Leute gesehen, die sich freuten, daß es geschneit hatte. Da war zum Beispiel ein Mann, der mußte in der Nacht durch den Wald nach Hause gehen. Er hatte keine Laterne bei sich und hätte sich sicher im Walde verloren, wenn nicht der Weg und der ganze Wald voll Schnee gelegen hätte. Der Schnee machte so hell, daß der Mann doch seinen Weg nach Hause fand. Freilich, manchen habe ich auch gesehen, der freute sich gar nicht über den Schnee. Zum Beispiel der Tannenbaum in dem Walde, der an der Schneelast auf seinen Zweigen schwer zu tragen hatte. Oder die Leute, denen der Schnee eine hohe Mauer vor der Tür gebaut hatte, so daß sie gar nicht herauskonnten. Und dann die, denen vom Dach eine Schneelawine auf den Kopf fiel, und die, denen der Sturm soviel Schnee in die Augen blies, daß sie gar nicht sehen konnten."

In diesem Augenblick kam die Sonne hinter den Wolken hervor.

„Uff!" machte der Schneemann auf einmal, „da ist sie. Nun ist es aus mit mir, ihr werdet es gleich sehen."

Sie sahen aber zuerst gar nichts, als daß auf einmal aller Schnee ganz wunderschön in der Sonne glitzerte. Es war eine wahre Pracht, die die Sonne da hervorgezaubert hatte. „Traut ihr nicht", sagte der Schneemann, „die Herrlichkeit wird gleich zu Ende sein. Oh, wäre ich doch mit der Wolke fortgezogen, weiter zu den hohen Bergen hin, wo es so herrlich kalt ist, daß die Schneeflocken nicht in der Sonne zu sterben brauchen, sondern in Eis verwandelt werden und ewig leben."

So sprach der Schneemann.

Aber was war denn das? Der ganze Garten weinte ja auf einmal. Von jedem Strauch, von jedem Zaunpfahl, von der Laube und von der Pumpe fielen große Tropfen herab in den Schnee, und jeder machte ein Loch hinein. Weinten sie alle, weil der Schneemann vom Sterben sprach, der Schneemann, der ihnen so hübsch erzählt hatte?

Ach nein – es war Tauwetter eingetroffen, das war's. Immer mehr Sonnenstrahlen kamen, und jeder schmolz ein bißchen von dem Schnee hinweg, jeder ließ ein Stückchen Herrlichkeit zerfließen.

Und gerade, als sie am allerschönsten war.

Aber so geht es ja immer.

Zwei Weihnachtsgeschichten

Nun kam es immer, immer näher, das Weihnachtsfest.

Auch im Dorfe unten fing man an, sich schon dafür zu rüsten. Kinder kamen mit Körbchen herauf in den Wald und holten Tannenzweige. „Zum Schmücken“, sagte die Muhme. „Damit schmücken sie die Stuben aus.“

Aus dem Schornstein des Bäckerhauses stieg den ganzen Tag ein dicker schwarzer Rauch auf; ein Zeichen, daß da mächtig gebacken wurde. Das Rotkehlchen und Frau Tannenmeise konnten denn auch gar nicht genug erzählen von den herrlichen braunen, süßduftenden Kuchen, die durch die Dorfstraße getragen wurden.

„Hoffentlich wird man nicht vergessen, uns dazu einzuladen“, meinte Frau Tannenmeise.

Auch der gelben Postkutsche unten auf der

Landstraße konnte man es anmerken, daß irgendwas Besonderes los war. Gewöhnlich barg sie die Pakete in ihrem Innern; jetzt aber war das ganze Postkutschendach damit vollbeladen, und sogar der Postillon vorne auf dem Bock hatte noch welche neben sich.

„Was mag da alles darin sein!“ dachten die Tannenkinder. Und ein kleines Dummerchen, das fragte: „Wann kommt denn endlich das Paket für uns?“

Ui je! Was wurde es da ausgelacht, das Kleine.

„Als ob Tannenkinder Pakete bekämen!“

„Warum denn nicht?“ fragte das Tännchen. Und es dachte: wenn wir Tannenbäume doch zu Weihnachten solche Hauptpersonen sind – warum sollen wir hier oben denn gar nichts von der Weihnachtsfreude abkriegen?

„Nun – wir wollen es abwarten“, sagte die Muhme. „Vielleicht werdet ihr doch euer Teilchen Freude mitbekommen.“

Nun war der heilige Abend da.

Freilich – hier oben im Tannenwalde merkte man nichts von all dem Jubel und Trubel, von all der Freude und all dem Lichterglanz, der heute die Welt erfüllte.

Dunkel und still, wie an jedem anderen Abend, so war's in des Tannenwalds Kinderstube auch heut! Nur im Dorfe unten sah man mehr helle Fensterlein als sonst, und die Tannenkinder wußten: das viele Licht, das kam von all den Christbäumen, die hinter diesen Fenstern brannten.

Was wohl ihre Schwesterlein und Brüderlein jetzt machten? Wie gerne hätten sie sie mal gesehen in ihrem Kettenschmuck, mit ihren goldenen Haaren und den Lichtchen.

Ob die kleinen Sterne, die heute wieder da oben am Himmel standen, die Schwesterchen und Brüderchen wohl jetzt sehen konnten?

„Sicher", meinte die Muhme. Und dann meinte sie noch: „Den Sternlein wird es wohl heute abend so ähnlich gehen wie euch. Manches von ihnen möchte auch wohl gerne seinen Platz vertauschen und heut lieber mal ein Stern auf einem Weihnachtsbaume sein."

„Hm!" machten die Tannenbäumchen; und dann kamen sie sich samt den Sternlein doch eigentlich recht bemitleidenswert vor in ihrer Einsamkeit hier, so im Dunkeln. . . .

Nun stand da im Walde – gar nicht weit von der kleinen Gesellschaft – ein ganz alter, morscher Tannenbaum mit einem langen grauen Flechtenbart.

„Großvater" nannten ihn die Tannenkinder, und hatten schon immer eine ganz besondere Freundschaft mit ihm gehabt. Grüße und Kußhändchen winkten sie ihm zu, und gar zu gerne hätten sie ihn auch mal an seinem schönen grauen Bart gezupft.

Na – dem Tannengroßvater, dem tat es denn sehr leid, daß die kleinen Tannenkinder heut, am heil'gen Abend, so still und traurig waren. „Ich werde ihnen eine Geschichte erzählen", dachte er. „Eine Geschichte, die ihnen Freude machen wird."

Und alsogleich begann er:

„Ihr klaget, meine lieben Tannenkinderlein, daß es des Abends jetzt immer so dunkel um euch her ist. Daß die Sonne so spät aufsteht und so zeitig schlafen geht, und daß euch niemand Licht bringt in die dunkle Kinderstube.

So lang es Winter ist, muß ich schon diese Klage von euch hören.

Nun, höret: so wie euch, so ist's vor vielen, vielen tausend Jahren auch einmal den Menschen ergangen. Damals, wisset – zu der Zeit, von der ich euch erzählen will – da war das alles noch ganz, ganz anders als jetzt. Da gab's noch keine großen Städte und keine Häuser, da wohnten die Menschen noch auf freiem Felde, in niedrigen Hütten und Zelten. Und in den Hütten, wißt ihr – da brannte noch kein Gas und kein Elektrisches. Nein, die Menschen, die zu der Zeit lebten, die hatten fast kein anderes Licht als die Sonne.

Und deshalb, seht ihr: wenn nun der Winter kam und die Sonne immer früher schlafen ging und immer später aufstand – dann klagten die Menschen, gerade wie ihr, über die viele, viele

Dunkelheit. Sie konnten es ja wohl verstehen, daß Frau Sonne nach all der vielen Arbeit im Sommer, nach dem Immerfrühaufstehen und Spätzubettgehen nun den Winter dazu benutzen wollte, sich erst mal tüchtig auszuschlafen. Aber sie hofften doch recht sehr, daß das Ausschlafen nicht gar zu lange dauern werde; denn die Dunkelheit war doch zu schrecklich.

Nun: und als dann endlich die Zeit gekommen war, als Frau Sonne sich in ihrem weißen Wolkenbett umwendete, sich die Augen rieb und lächelnd sagte: ‚So, ihr lieben Menschenkinder, nun bin ich nicht mehr ganz so müde, nun kann ich wieder alle Tage ein bißchen früher aufstehen und ein bißchen später schlafen gehen. Freut euch: nun wird's allmählich wieder heller werden auf der Erde.‘

Da hättet ihr die Menschen aber mal sehen sollen! Nicht zu lassen wußten sie sich vor Freude. Ihre Hütten schmückten sie mit grünen Zweigen aus, steckten Freudenfeuer an und kochten und brieten, sangen frohe Lieder und feierten ein Fest.

Das Fest, das nannten sie: Das Fest der Wintersonnenwende. –

Nun – war das nicht eine schöne Geschichte?" fragte Tannengroßvater.

„Doch! Doch! – Ja, ja!" nickten die Bäumchen. Sie waren noch ganz erfüllt davon. Und etliche, die seufzten ganz leise.

„Paßt auf – nun kommt aber noch das Schönste!" sagte Tannengroßvater. „Frau Sonne machte es nun alle Jahre so. Alle, alle Jahre – bis heute noch. Die erste Zeit im Winter, da schläft sie; schläft sie sich aus. Deswegen habt ihr sie jetzt auch so wenig gesehen.

Nun aber – nun ist wieder die Zeit, da Frau Sonne sich in ihrem weißen Wolkenbette umwendet, da sie verspricht, wieder früher aufzustehen und länger aufzubleiben. Nun ist die längste Winternacht vorbei, und das Licht wird wieder auf die Erde kommen."

„Gr – Großvater . . . woher weißt du das?"

„Großvater – da müssen wir ja ein Fest feiern?"

„Wir feiern ja eins", sagte der Tannengroßvater. „Weihnachten – so nennt man es heute. Es ist dasselbe wie das frühere Wintersonnenwendefest." . . .

„So? Soo? Aach – so?"

Es war ein großes Staunen in der Kinderstube. Ein Staunen und eine Freude. Und gerade in diesem Augenblick, da klang unten vom Dorfe herauf das Läuten der Glocken. So schön, so feierlich.

„Die Weihnachtsglocken", sagte die Tannenmuhme; „hm, hm", und sie räusperte sich ein bißchen dabei.

„Sie läuten vor Freude, weil das Licht nun wieder in die Welt kommen wird; Tannenmuhme – nicht wahr?"

„Hm! Hm!“ Die Muhme räusperte sich noch mal, ein bißchen stärker. „Ja“, sagte sie dann. „Aber sie meinen noch ein anderes Licht.“

„Noch – ein – anderes Licht?“

„Ja. – Hmm! Hmm!“ Und zum drittenmal räusperte sich die alte Tannenmuhme, sah nach dem Großvater hinüber und schüttelte den Kopf.

„Der Großvater – hm!“ Der Großvater ist ein alter Heide – hatte sie sagen wollen. Aber sie verschluckte es und sagte: „Der Großvater weiß nur diese eine Weihnachtsgeschichte. Ich aber weiß noch eine.“

Und nun erzählte sie den Tannenkindern die Geschichte, die ihr sicher alle kennt: Die Geschichte von dem kleinen Jesuskind. Wie es in dunkler Winternacht im Stall zu Bethlehem geboren ward – wie's da auf einmal ganz hell wurde im Stall und um den Stall herum und auf dem Felde. Wie die Hirten, die da draußen ihre Schafe weideten, sich fürchteten vor diesem Licht, bis dann der Engel kam und ihnen sagte, daß sie sich nicht zu fürchten brauchten. „Denn –“ sagte der Engel – „das Kindlein, das dort im Stall in der Krippe liegt – das ist von ganz besonders feiner, lieber Art und wird den Menschen sehr viel Licht und sehr viel Freude bringen.“

Nun – wie gesagt – ihr kennt ja die Geschichte. Die kleinen Tannenkinder aber hatten sie noch nie gehört; sie gefiel ihnen ebensogut wie die Geschichte des Tannengroßvaters.

„Und zur Erinnerung, seht ihr“ – schloß die Muhme – „zur Erinnerung an all das Licht und all die Freude, die das Jesus-Christkindlein in die Welt gebracht – brennen jedes Jahr an Weihnachten, seinem Geburtstage, all die vielen tausend hellen Lichter auf den Christbäumen.“ ...

Die Glocken unten im Dorfe schwiegen. Die Tannenbäumchen auch. Keins von ihnen aber klagte mehr, daß es so dunkel und so traurig sei hier oben. Denn auch in ihren kleinen Herzen war nun die Freude eingezogen ... die Weihnachtsfreude und das Weihnachtslicht.

In des Tannenwalds Kinderstube

Oben auf dem Berge lag der Tannenwald. Viele, viele hundert Tannenbäume standen da beisammen, kleine und große, junge und ganz, ganz alte.

Dunkel und still war's im Walde drinnen. Denn die hohen, alten Tannenbäume, die da standen, das waren lauter ernste, schweigsame Leute, die gern Ruhe hatten. Sie standen ganz steif und still in ihren dunkelgrünen Nadelkleidern, und so dicht beisammen standen sie, daß fast gar keine Sonne hindurch konnte. Aber das war den alten Tannen gerade recht, dadurch war's so schön dunkel und schattig in dem Tannenwalde.

Die kleinen, jungen Bäumchen aber – für die war das nichts. Die mußten's noch hell und luftig haben, um groß zu werden. Und deshalb standen sie draußen vor dem Walde, am Waldesrand.

Der Waldrand, das war so dem Tannenwald

seine Kinderstube. Da schien die Sonne golden und warm, da wehte der Wind recht lustig und frisch, da kamen Vögel zum Besuch und Bienen und Schmetterlinge, da konnte man den Himmel sehen und die Sterne, und auch das kleine Dorf, das unten im Tale lag. Es war der schönste Platz im ganzen Walde, auf dem die kleinen Tännlinge dastanden.

Als Aufpaßtante war eine große, dicke Tanne angestellt. Die stand dabei und gab fein acht, daß alles seine Ordnung habe. Denn wo soviel kleines Volk beisammen ist – seien's nun Menschen- oder Tannenkinder –, da gibt's auch manchmal Unordnung und Streit. Meist aber standen die kleinen Tännchen ganz artig und still beisammen. Die Sonne gab ihnen Wärme und lehrte sie duften, der Regen badete sie und gab ihnen zu trinken, der Wind lehrte sie, ihre Zweiglein hübsch anmutig zu bewegen, und die Muhme Tanne zeigte ihnen, wie sie sich schön gerade halten müßten und fest und steif und still stehen, wie sich's für eine ordentliche Tanne ziemt.

So wuchsen die kleinen Tannenbäume heran; wuchsen heran und freuten sich. Und jedes Jahr, wenn der Frühling kam, dann brachte er ihnen kleine, ganz hellgrüne Spitzen mit; die steckte er ihnen auf die Zweige. Wie lauter kleine Lichtchen sah das aus.

„Geburtstagslichter", sagte der Frühlingswind.

„Ihr seid nun wieder ein Jahr älter geworden. Habt ihr euch auch schon einmal überlegt, was ihr werden wollt?"

„Unsinn!" sagte die Muhme Tanne, „sie sind ja noch klein, sie sollen erst noch etwas Ordentliches lernen."

Aber der Frühlingswind hörte nicht auf sie.

„Nun", fragte er die Tännlinge weiter, „wie ist's? Was möchtet ihr einmal werden? Natürlich Christbäume! Denn ein Christbaum zu werden, das ist ja nun einmal der Traum aller Tannenbäume."

„Unsinn!" rief die Muhme Tanne nun noch viel lauter. „Schwätzt doch den jungen Dingern nicht solches Zeug vor! Als ob aus einer Tanne weiter nichts werden könnte als ein Christbaum."

„Naa – naa", machte der Frühlingswind – „nur keine Aufregung. Es ist ja gut, wenn Sie noch mehr wissen. Erzählen Sie den Kleinen nur manchmal was davon – es schadet ihnen nichts."

„Lebt wohl" – sagte er dann zu den Tännlingen. „Übers Jahr komm ich wieder. Bis dahin überlegt's euch und erzählt mir's dann."

Da standen nun die kleinen Tannenbäume und wußten nicht, was sie davon denken sollten. Etwas werden sollten sie? Das war ihnen noch nie in den Sinn gekommen. Sie dachten, sie sollten eben Tannenbäume werden, so wie die anderen Bäume hier im Walde.

„Muhme Tanne“, fragte eines – „Muhme Tanne – sag’ doch: was kann denn aus einem Tannenbaum noch werden?“

„Ach was!“ sagte ärgerlich die alte Tanne, „zerbrecht euch doch darüber nicht die Köpfe. Das hat noch lange Zeit. Vorläufig werdet erst mal groß und stark.“

Sie war wirklich ganz ärgerlich auf den Frühlingswind, die alte Muhme. Denn sie hatte die Tannenkinderlein alle sehr lieb, und deshalb mochte sie noch gar nicht an die Zeit denken, wenn sie mal groß sein und aus der Kinderstube fort in die Welt hinausziehen würden. Die kleinen Tannenbäumchen aber – na, das könnt ihr euch wohl denken: die gaben sich natürlich mit dem Bescheid der alten Muhme nicht zufrieden. Der Frühlingswind hatte sie nun einmal neugierig gemacht, nun wollten sie auch wissen, was es damit sei.

„Wenn die Muhme es uns nicht sagen will“, sagte ein kleines keckes Tännchen, „so werden wir ganz einfach jemand anders fragen.“

„O ja! O ja! Das ist wahr“, stimmten die anderen ihm zu.

„Aber wen?“

„Na – Frau Tannenmeise zum Beispiel, und das Rotkehlchen.“

„O ja! O ja! Und den Herrn Hase aus dem Walde drüben.“

„Famos!"

Und nun wisperten und pisperten die kleinen Tännchen, überlegten und berieten und zappelten mit den Zweiglein vor Ungeduld. Es war nur gut, daß die alte Tannenmuhme gerade mit ihrer Nachbarin ins Gespräch vertieft war; sonst hätte es sie vielleicht doch gekränkt!

Was der Distelfink aus dem Dorfe für Neuigkeiten brachte

Der Distelfink flog in das Dorf hinunter.

Als er unten war, setzte er sich zunächst mal auf einen Kirschbaum und überlegte sich, wie er die Sache nun eigentlich anfangen wolle. Es war gar nicht so einfach, Erkundigungen einzuziehen, was aus einem Tannenkind wohl alles werden könne.

„Bitte – nehmen Sie Platz", rief's da auf einmal irgendwoher.

„Nanu? Ich sitze ja schon", dachte der Distelfink erstaunt und guckte sich um, wer wohl die freundliche Aufforderung an ihn gerichtet habe. Der Kirschbaum stand in einem Hofe; durch den Hof ging eben eine Katze.

„Bitte – nehmen Sie Platz", ertönte die Aufforderung auch an die Katze.

„Das ist denn doch –" dachte der Distelfink. „So

was von Höflichkeit!“ Dabei flog er vom Baum herunter auf den Hof, auf die Haustüre zu. Da sah er auf dem Flur einen weißen, ganz neu gezimmerten Stuhl stehen. Das heißt: der Distelfink wußte ja nicht, daß es ein Stuhl war, aber der Vierbeinige stellte sich ihm gleich vor.

„Mein Name ist Stuhl. Ich werde dafür zu sorgen haben, daß die Leute nicht müde werden, und bereite mich auf meinen künftigen Beruf einstweilen vor. Bitte – nehmen Sie Platz.“

„So, so“, sagte der Distelfink. „Da haben Sie sich ja einen schönen Beruf gewählt.“

„Ich habe ihn mir nicht gewählt“, sagte der Stuhl. „Ich hatte in meiner Jugend ganz andere Pläne im Kopfe – ich wollte ein Christbaum werden.“

„Ein Christbaum?“ rief der Distelfink –

„Ziflit – potzblitz – dann stammen Sie wohl gar aus der Familie Tannenbaum?“

„Allerdings!“ sagte der Stuhl.

„Famos! Famos!“ Der Distelfink schlug mit den Flügeln vor Vergnügen und hüpfte wirklich auf den Stuhl hinauf.

„Also alte Bekannte – sozusagen – sind wir da. Aber verändert haben Sie sich – ziflit – potzblitz – kolossal! Wie ist denn das zugegangen? Wie kommen Sie überhaupt hierher, und wer hat einen Stuhl aus Ihnen gemacht?“

„Ja“ – sagte der Stuhl – „das ist eine lange Geschichte. Größtenteils sogar Leidensgeschichte. Oder denken Sie sich’s angenehm, von den Zähnen einer großen Säge zerschnitten zu werden?“

„Brr!“ sagte der Distelfink. „Aber fangen Sie doch von vorne an. Von da, wo Sie noch ein Tannenbaum waren.“

„Also: meine Brüder und ich, wir wurden eines Tages abgehauen, bekamen unsere Arme und Beine abgeschlagen und wurden als kahle Stämme auf einem großen Wagen fortgefahren. Als ich damals trauernd auf meine grünen Zweigarme sah, die am Boden lagen, und auf meine Wurzelbeine, die ich in der Erde stecken lassen mußte – da dachte ich nicht, daß ich nochmal neue Beine bekommen würde. Aber weiter:

Wir kamen in die Sägemühle. Dort wurden wir einer großen Säge zwischen die Zähne geschoben, die zerschnitt uns zu langen, schmalen, weißen Brettern. Das tat nicht gut!

Wahrscheinlich, um uns davon zu erholen, durften wir dann ein paar Tage draußen vor der Sägemühle auf der Wiese im Sonnenschein liegen. Das wäre nun sehr schön gewesen, wenn nicht die Blumendamen auf der Wiese – ganz besonders die Gänseblümchen – sich so ungehörig gegen uns benommen hätten.“

„Ich kenne die Racker!“ blinzelte vergnügt der

Distelfink. „Was haben sie denn wieder mal angestellt?"

„Sie nannten uns: hölzerne, ganz ungehobelte Gesellen und meinten, der Tischler werde uns schon noch den nötigen Schliff, die nötige Politur beibringen. Auch meinten sie, wir lägen gar nicht hier, um uns zu erholen, sondern um in der Sonne zu trocknen. Und ein besonders naseweises Ding, das fragte: die Herren sind wohl noch nicht ganz trocken hinter den Ohren?"

„Unerhört!" bestätigte der Distelfink und hüpfte ganz entrüstet auf dem Stuhl herum. „Tatsächlich unerhört.

Nun – und dann kamen Sie in die Tischlerei, und der Tischler machte einen Stuhl aus Ihnen?"

„So ist es. Ja. – Ein Stuhl ist zwar kein Christbaum – aber es scheint mir: in dieser Welt wird man nicht immer das, was man gerne werden möchte. Nun scheint's mir das gescheiteste, ich mache aus meinem Leben, was noch daraus zu machen ist, und halt's mit der Gemütlichkeit. Bitte – nehmen Sie Platz."

„Das ist wirklich sehr gescheit von Ihnen", sagte der Distelfink. „Aber eine Frage noch: was wurde aus Ihren Brüdern?"

„Sie stehen hier nebenan in der Werkstatt. Gehen Sie nur ruhig mal hinein, es ist soeben Mittagspause."

Gesagt, getan. Der Distelfink flog von dem Stuhl herunter und in des Schreiners Werkstatt hinein. Vorsichtig erst, denn so recht getraute er sich doch noch nicht. Aber es war wirklich niemand drinnen.

Nur lauter weiße, neue, frischgezimmerte Gestalten standen da: große und kleine, welche mit langen und welche mit ganz kurzen Beinchen; einer sperrte – wie es schien – ein großes Maul auf (hu – der Distelfink flog fix ein Stückchen von ihm weg), und einer – ei wahrhaftig, der schien gar ein paar große Flügel zu haben.

Der Distelfink hatte keine Ahnung, wie die Gestalten alle hießen und was sie waren; aber daß sie aus Baumstämmen gemacht waren, das konnte er ganz deutlich merken an den Streifen und Ringen, die an den Holzgestalten noch zu sehen waren.

„Warum betrachten Sie mich so?" fragte das Kleine, Dicke, das das Maul aufsperrte. (Es war eine Kommode.) „Fürchten Sie etwa, ich werde Sie verschlingen? Das habe ich nicht nötig, ich werde in Zukunft genug in mich hineingestopft bekommen."

Das beruhigte den Distelfink; zutraulich flog er ein Stück näher und log keck: „Ich habe keine Angst. Wer ist der Große mit den Flügeln da?"

„Ich bin der Herr von Schrank", ertönte es in stolzem Tone. „Demnächst werde ich ein Schloß mein eigen nennen, dann bin ich Schloßherr. Es sollte mich freuen, wenn Sie mich alsdann einmal besuchen kommen wollten."

„Sehr gerne", sagte der Distelfink.

„Auch werde ich noch einen Anzug – ganz aus Lack, bekommen."

„Ihre Aussichten für die Zukunft sind ja wahrhaftig glänzend", meinte der Distelfink. Zu der Kommode aber sagte er leise: „Das scheint ja ein furchtbar eingebildeter Kerl zu sein."

„Stimmt!" sagte die Kommode.

Nun hüpfte der Distelfink noch zu verschiedenen anderen der hölzernen Gestalten hin, und sie nannten ihm alle ihre Namen. Da war ein Tisch, eine Bank, ein Bett.

„Ich werde der allerbeste Freund der Menschen sein", sagte das Bett. „Wenn sie müde sind, so werden sie zu mir kommen, um sich auszuruhen. Wenn sie krank sind, so werde ich helfen, sie wieder gesundzumachen. Ja. Und wenn sie in der Nacht dann schlafen, so werde ich schöne, bunte Traumbilder aufsteigen lassen, die sie im Schlafe sehen und über die sie sich freuen werden. Ja, ja – ich bin so etwas wie ein Zauberpalast."

„So, so!" sagte der Distelfink. Er betrachtete sich das breite, niedrige, hölzerne Gestell mit seinen kurzen, dicken Beinchen, blinzelte und sagte dann: „Eigentlich sehen Sie ja nicht so aus!"

„Nein“, sagte das Bett. „Aber man sieht es einem Ding nicht immer von außen an, was es in seinem Innern für Schätze birgt.“ –

Ganz in der Nähe des Bettes stand still und stumm ein kleines Fußbänkchen.

„Na“ – sagte der Distelfink gemütlich und gab ihm einen leichten Flügelschlag – „nun sag du auch mal was. Du siehst mir etwas betrübt aus!“

„Ach“ – sagte das Fußbänkchen – „ich habe so Heimweh.“

„Heimweh?“ fragte der Distelfink. „Oje! Du möchtest wohl gar zurück in den Tannenwald?“

„Ja. Als ich meine vier Beine angeleimt bekam, da war ich schon so froh und dachte: nun läufst du einfach fort. Aber dann ging das nicht. Aber weißt du, lieber Distelfink, vielleicht hab’ ich das Laufen bloß noch nicht richtig gelernt! Du glaubst doch auch, daß ich es noch lerne, nicht wahr?“

„Ja – ja“, sagte der Distelfink tröstlich, „du lernst es sicher noch. Versuch es nur recht fleißig, immer.“

Heimlich bei sich dachte der Distelfink: „Das ist das Stückchen immergrüne Hoffnung, das noch in ihm steckt. Ja – Tannenholz! Es ist nun einmal eine ganz besondere Sorte.“ –

Nun fing der Tisch noch an, von seinen Zukunftsplänen zu erzählen. Er redete von Schüsseln und von Tellern, von Kaffeekannen, Kuchenbergen, von gebratenen Gänsen und wer weiß was noch. Das Essen schien für ihn die Hauptsache zu sein. Und dann sagte er noch, daß er zu ganz jungen Leutchen käme, die eben erst Hochzeit gemacht hätten, und daß sie drei schon vergnügt zusammen sein wollten, denn er werde doch mit die Hauptperson im Hause sein.

„Und ich?" fragte da sofort der Herr von Schrank.

„Und ich?" fragte die Kommode.

„Und ich?" fragten auch der Stuhl und das Bett.

„Ich denke, wir sind alle Hauptpersonen, denn eine ordentliche Wohnung ohne uns Möbel kann man sich doch nicht denken."

„Hm! Hm!" machte der Distelfink. „Merkwürdig: ich habe es doch bis jetzt in meinem Nestchen immer ganz gemütlich gefunden. Und weder bei Kreuzschnabels noch bei Frau Tannenmeise noch bei dem Rotkehlchen habe ich solche Holzdinger in der Wohnung gesehen. Aber es ist schon möglich, daß sie zu einer ordentlichen Wohnung gehören. Ich werde meinen Bekannten mal den Vorschlag machen, sich einen Tisch für ihren Wurmbraten, 'ne Kommode für die Kinderwäsche und einen solchen Zauberkasten zum Schlafen zu kaufen. Adieu!"

Damit flog der Distelfink zum Fenster der Tischlerwerkstatt hinaus.

„Ziflit – was mach' ich nun?" Für einen Augenblick zum Überlegen ließ er sich rasch noch einmal auf dem Kirschbaum im Hofe nieder. „Ob ich nun gleich hinauffliege zu den kleinen Tannen und ihnen alles erzähle? Sie werden gewiß schon warten. Wie werden sie sich freuen, daß sie noch einmal solche Hauptpersonen werden können! Wirklich – die Tannenholzmöbel scheinen eine große Rolle zu spielen in der Welt."

„Ja", sagte der Kirschbaum. „Aber Sie dürfen nicht vergessen, daß es auch noch Möbel aus anderem Holze gibt. Auch die Familien Nußbaum, Eiche, Ahorn haben darin schon Tüchtiges geleistet – nicht zu vergessen die unsrige.

Übrigens – lieber Distelfink: ich würde Ihnen doch raten, zuerst noch einen kleinen Umweg durch das Dorf zu machen. Da können Sie in jedem Hause Möbel stehen sehen und Ihre Kenntnisse dadurch vielleicht noch bereichern."

Der Vorschlag gefiel dem Distelfink, und alsogleich machte er sich auf den Weg.

Er flog nun von Fenster zu Fenster und sah in die Stuben hinein. Es war, wie der Kirschbaum gesagt hatte: in jedem Hause, in jeder Stube standen Möbel: Tische, Stühle, Schränke, Kommoden, Betten, und auch noch anderes.

Aber es war doch ein Unterschied. In einer Stube standen sie nett geordnet, blank, mit sauberen

Deckchen bedeckt, auch wohl mit einem Blumenstrauß auf Tisch oder Kommode. Die Stube sah sehr gemütlich aus, und wenn hier Sofa und Stühle riefen: „Bitte – nehmen Sie Platz“, so tat man dies gewiß gerne.

Aber im Hause nebenan, da standen die Stühle mitten in der Stube, der Tisch lag noch voll Krümel, und der Staub lag dick auf Bett und Kommode. Auch war hier eine Ecke abgeschlagen, der Tisch verkratzt – und dort fehlte gar ein Stuhlbein.

„Ziflit – hier geht's den armen Möbelleutchen schlecht“, dachte der Distelfink. „Ich will es keinem Tannenkinde wünschen, daß es einmal in solch 'ne Stube kommt.“ –

Das letzte Haus im Dorfe gehörte ganz, ganz alten Leuten; sie wohnten schon sechzig Jahre darin. Viel länger noch als sechzig Jahre aber schienen die Möbel, die da standen, hier zu wohnen. Uralt und wacklig sahen sie aus, die Überzüge ganz verblaßt, das Holz verschabt, die Politur erblindet. O weh – und dort am Bette nagte schon der Holzwurm, wie es schien.

„Ob sie wohl glücklich waren?“ dachte der Distelfink. „Ob sie wohl zufrieden waren mit ihrem Los?“ Er flog in die Stube hinein, zu dem alten Sofa hin, und tat bescheiden eine Frage.

„O ja, ich glaube, wir waren ganz glücklich“, sagte das Sofa. „Wir taten unsere Arbeit und wurden gut gehalten. Das war das schönste dabei: die Leute, denen wir dienten, betrachteten uns nicht nur als Möbelstücke. Sie dachten daran, daß wir schon bei ihren Eltern und Großeltern in der Stube gestanden und mit denen zusammen manches erlebt hatten, und darum hielten sie uns wie alte, liebe Freunde."

„Ziflit" – sagte der Distelfink. „Ja – wenn man's so trifft . . .!"

„Ziflit! Ziflit!" Ein Weilchen später flog der Distelfink hoch oben in der Luft – vom Dorfe fort – hinauf zum Tannenwald. Von weitem sah er schon die kleinen Tännchen winken.

„Ziflit! Ziflit!"

Die Glühwürmchen-Nachtwächter

Eines Abends – es war nach einem heißen Sommertage – da wollten die kleinen Tannenkinderlein gar nicht einschlafen. Es war schon ganz dunkel, und sonst schliefen sie um diese Zeit schon lange. Aber heute hatte die Muhme ihre liebe Not mit ihnen.

Erst schalt sie – dann rauschte sie ihnen ein Wiegenlied vor; aber es half alles nichts.

Vom Dorfe herauf klang nämlich etwas, das hörte sich noch viel, viel schöner an als das Wiegenlied der alten Muhme. So süß verlockend klang es, und so lustig: Hopp, hopp – bum bum – hop tsching da tsching da duuum.

Was war das nur? Die Kinderlein hatten solches noch nie gehört. Ob es wohl von dem glänzenden Ding herkam, das sich dort unten auf der dunklen Wiese immerfort im Kreise herumdrehte?

Ein merkwürdiger Abend!

Hopp hopp – bum bum – hopp tsching da tsching da duuum ...

Wahrhaftig – das klang doch so lustig, so – so – na: daß man halt kaum noch seine Wurzelbeinchen in der Erde stillhalten konnte, sondern versuchen mußte, sie herauszuziehen und damit zu tanzen. Hopp hopp ... ach: das ging ja nun leider nicht! Bum bum ... aber sich die Zweiglein reichen und sich wiegen und drehen – das konnte man.

Hopp tsching da tsching da duuum ...

Die kleinen Tannenbäumchen dienerten und nickten und kicherten und zappelten von oben bis unten in hellem Pläsier. Die alte Muhme schlug entsetzt die Zweige zusammen. „Was macht man nun mit solchen Rangen?" fragte sie verzweifelt ihre Nachbarin.

„Warten Sie nur, bis die Glühwürmchen-Nachtwächter kommen, die werden schon für Ruhe sorgen", sagte die Nachbarin.

Glühwürmchen-Nachtwächter? O weh! Was war das? Erschrocken hielten die kleinen Tannenkinder im Tanzen inne. Da sie ja sonst um diese Zeit schon immer schliefen, hatten sie bis jetzt noch niemals Glühwürmchen zu Gesicht bekommen. Die Nachbarin hatte das aber in einem Tone gesagt, der wahrhaftig nichts Gutes ahnen ließ. Gewiß war's so was Ähnliches wie der Polizeidiener aus dem Dorfe, der hier durch den Wald ging.

„D – die Würmchen-Nachtwächter sollen aber nicht kommen“, sagte weinerlich ein ganz besonders ängstliches kleines Tännchen.

„Da kommen sie aber schon“, sagte die Muhme.

Wahrhaftig: da – im dunklen Walde – leuchtete ein grünes Laternchen auf. Da noch eins – und da wieder eins! Ach du lieber Gott – ein ganzes Heer von Nachtwächtern kam da scheint's angerückt. Leise, leise kamen sie aus dem Walde heraus, huschten zwischen den Bäumen herum und leuchteten bald hierhin, bald dorthin.

„Ja, ja“ – sagte die Tannenmuhme – „es ist gut, daß Sie mal hierher in die Kinderstube gekommen sind, Herr Nachtwächter; es ist heute gar nicht alles in Ordnung da. Zanken Sie nur mal tüchtig. Oder nehmen Sie lieber gleich ein paar von der Gesellschaft mit hinunter ins Dorf auf die Wache.“

Hopp hopp – bum bum – hopp tsching da tsching da duuum . . .

klang es in diesem Augenblick wieder von unten herauf.

„Das wäre so übel nicht“, meinte das Glühwürmchen. „Würden sich schon amüsieren da unten, es geht heute lustig zu da.“

„Wieso denn?“ fragte die Muhme.

„Na – irgendein Fest ist's. Buden, ein Karussell, Musik und auch ein feiner Tanzboden. Wir waren eben dort.“

„I du mein Gütchen!“ rief die alte Muhme voll Entsetzen – „ja: wenn sogar die Herren Nachtwächter solchen Unfug im Kopfe haben – was soll dann aus der Ordnung werden?“

Die kleinen Tannenkinder aber waren voll heller Begeisterung. „Erzählen! Erzählen!“ riefen sie und zappelten schon wieder mit den Zweiglein vor Ungeduld. „Was ist das, was da so glänzt und sich immerzu herumdreht?“

„Das ist das Karussell“, sagte das Glühwürmchen. „Da sind Wagen drauf und Schiffchen und Pferde aus Holz.“

„Aus Tannenholz?“ fragte ahnungsvoll entzückt sogleich ein Tannenkind.

„Das weiß ich nicht“, meinte das Glühwürmchen. „Aber das Glänzende, was ihr dort seht – denkt: das sind alles Riesenglühwürmer.“

Es meinte natürlich die Karussellichter.

„Ja – aber noch viel schönere Glühwürmer schweben über dem Festplatz und über dem Tanzboden. Ganz prächtig bunte – rot und blau und gelb, und noch mit Blumen bemalt. Merkwürdigerweise fliegen sie aber nicht, sondern stehen ganz still. Ich möchte wohl wissen, was es für eine Sorte ist.“

Diesmal meinte das Glühwürmchen die bunten Lampions, die überall aufgehängt waren. –

Als sie von solchen Herrlichkeiten hörten,

bekamen die kleinen Tannenkinder natürlich die allergrößte Lust, sich auf den Weg nach dem Festplatz zu machen. Heimlich versuchte hier eins und dort eins, ob sich nicht doch die Wurzelbeinchen aus der Erde ziehen ließen. Aber ach: es ging und ging nun einmal nicht. Sie mußten sich eben damit trösten, sich erzählen zu lassen.

„Vielleicht, wenn ihr größer seid, kommt ihr auch mal hin", meinte ein Glühwürmchen. „Ich habe viele Tannenbäume dort gesehen – rings um den Festplatz standen sie herum und guckten über die Bretterwand."

„Oder vielleicht werden aus euren Zweigen auch mal Girlanden und Kränze gemacht, wie die, mit denen der Festplatz und der Tanzboden geschmückt waren", meinte ein anderes.

„Oder vielleicht macht der Zimmermann gar mal einen Tanzboden aus euch! Ich hörte, daß er aus Tannenholz gemacht sei, und auch die Tische und Bänke und die Bretterwand und auch die Fahnenstangen."

Welch eine Fülle von Zukunftsträumen für die kleinen Tannenkinderherzen! Zwar: ein Tanzboden, auf dem immer nur mit den Füßen herumgetrampelt wurde – das war ja nicht gerade beneidenswert. Aber lustig mußte es doch sein.

„Habt ihr denn auch getanzt?" fragten die Tannenbäumchen.

„Und ob!" meinte ein Glühwürmchen-Nachtwächter. „Und nicht gerade mit dem häßlichsten Jungfräulein. Das heißt: ich habe mich nur in ihr schwarzes Haar gesetzt. Aber ich kann doch sagen, daß ich mit ihr getanzt habe."

„Es ist nicht zu glauben!" raunte die Tannenmuhme ihrer Nachbarin zu. Und beide schüttelten die alten Tannenhäupter. . . .

Wer weiß, wie lange das Erzählen und das Pläsier in des Tannenwalds Kinderstube noch so fortgedauert hätte. Aber endlich erinnerten sich die Glühwürmchen-Nachtwächter doch ihres Amtes. Sie sagten den kleinen Tannenkindern, daß sie nun der Muhme gehorchen müßten und ganz fix einzuschlafen hätten, es sei hohe Zeit. Nach einem Weilchen wollten sie wiederkommen und nachschauen.

Das half.

Und merkwürdig: auf einmal schien die Musik da unten auch gar keine Tanzmusik mehr zu sein, sondern ein Schlaflied. Ganz langsam und ganz leise klang's nur noch:

Hopp . . . hopp . . . buum–buuum . . . . hopp tsching da . . . tschiiing daaa . . . . duuummm . . . .

Als die Glühwürmchen-Nachtwächter nach einer guten Viertelstunde wieder angehuscht kamen und mit ihren grünen Laternen Nachschau hielten – da war auch nicht ein einziges Tannenkind mehr wach.

Aber eins – das schwenkte im Schlafe immer ein Zweiglein. Das träumte sicher von einer Fahnenstange. Und eins – das reckte sich, als wollte es über was hinübergucken. Und eins – das drehte sich immer ganz verdächtig nach rechts und nach links. Ob das wohl an den Tanzboden dachte oder an das Karussell?

Ein lustiger Besuch

„Wir müssen euch was erzählen!"

So rief es an einem hellen Wintermorgen lustig in die Kinderstube hinein, und angetanzt kamen in ihren goldenen Röckchen – die Sonnenstrahlen.

„Ei – das ist ja ein seltener Besuch jetzt", sagte die Tannenmuhme. Eins von den Tannenkindern aber rief gleich: „Ihr habt ja neulich vergessen, dem Mond das Licht zu bringen. Er hat's uns gesagt."

„Ja – wenn man so viel zu tun hat!"

„Papapp – entschuldigt euch nur nicht!" sagte die Muhme. „Ich dächte, jetzt im Winter braucht ihr euch nicht allzusehr anzustrengen. Das Obst ist reif – das Korn; und Blumen gibt's nicht mehr ..."

„Na ja – das ist ja wahr: ganz soviel wie im Sommer gibt's nicht mehr zu tun. Aber –"

„Aber?"

„Ach – nein: wir müssen's euch erzählen, liebe

Tännchen – es war zu komisch!“ riefen die Sonnenstrahlen. „Habt ihr es denn nicht gesehen?“

„Was denn nur – was denn?“ fragten die Tannenbäumchen.

„Ei – unsere Mutter. Wie sie gestern nachmittag plötzlich ganz rot am Himmel stand?“

Die Tannenbäumchen hatten es wohl gesehen und waren sehr erstaunt gewesen. Woher es aber kam, daß die Frau Sonne sich plötzlich in Rot präsentiert hatte statt in Gold – das sollten sie erst jetzt erfahren.

„Also – hört! Ewig muß man jetzt auf der Welt die Klage hören: ach – es ist alles jetzt so grau, so farblos. Keine bunten Blumen mehr, keine Blätter, keine Beeren. Na – da wollten wir den Menschen denn mal einen kleinen Spaß machen. Aus der Himmelsmalkammer holten wir den roten Farbentopf, und wupp wupp wupp – ehe Mutter sich's versah, war sie ringsum ganz rot bemalt.

‚Was sollen denn die Leute von mir denken?‘ zankte Mutter. ‚Die denken ja, ich wär' närrisch geworden.‘

Aber als sie dann sah, daß die Leute unten auf der Erde gar nicht lachten, sondern voll Bewunderung stehenblieben und riefen: ‚O – wie wundervoll! Seht doch – die Sonne . . .‘ da war sie gar nicht böse mehr. Im Gegenteil – da lachte sie noch über unsern Spaß.“

„Heillose Gesellschaft!“ murmelte die Tannenmuhme. „Ihre Mutter mag manchmal eine schöne Last mit ihnen haben.“

Die kleinen Bäumchen aber schüttelten sich vor Vergnügen.

„Nun kommt aber noch das Schönste“, sagten die Sonnenstrahlen. „Als die Wolkendamen oben am Himmel die Bewunderung der Menschen unten sahen – da wurden sie ganz neidisch auf unsere Mutter. Und – was meint ihr: ob wir ihnen nicht auch solche Kleider malen könnten, fragten sie. Na – warum sollten wir nicht? Wir hatten ja die schönste Zeit. Also: aus der Malkammer auch noch die anderen Farbentöpfe heraus – und nun ging's los! Die Damen haben nur zu befehlen – sagten wir.

Da guckten die großen und die kleinen, die dicken und die dünnen Wolkendamen in alle Farbentöpfe hinein, fragten und probierten, und dann wählte sich die eine ein grünliches, die andere ein gelbliches, die dritte ein lila Kleid.

‚Die Farben sind mir alle zu auffallend – so ausgesprochene Farben stehen mir nicht‘, meinte die eine. ‚Ich möchte aus dem Grün und dem Lila etwas gemischt haben.‘

‚Ich kann nur ganz zarte Farben tragen‘, sagte eine andere. Und wieder eine andere, der konnte das Kleid gar nicht leuchtend genug sein. Wahrhaftig:

so eine Schar von Wolkenmadames zu befriedigen – das war was! Eine Musterkarte von den Farben wollten sie; und ob man nicht auch ein Muster – Tüpfchen oder Kringel – auf sein Kleid bekommen könne. Aber darauf ließen wir uns nicht ein!

Schließlich sagte die eine: sie wolle nur etwas haben, was noch keine von den anderen Damen hätte. Sie wolle ihr graues Kleid behalten, und nur einen schönen, breiten, goldenen Saum daran."

„Die haben wir gesehen", riefen die Tannenkinder, „sie sah sehr fein aus."

„Hm. Na – endlich waren denn auch alle zufrieden, bedankten sich und stolzierten nun am Himmel herum und ließen sich bewundern. – Wir glauben aber wirklich, daß sie den Menschen unten auf der Erde auch gefallen haben. Meint ihr nicht auch?"

„Doch! Doch!" sagten die Tannenkinder. Und wirklich – es hatte auch ganz herrlich ausgesehen, wie an dem grauen Abendhimmel auf einmal all die bunten Wolken waren. Die kleinen Sonnenstrahlen hatten ihre Sache gut gemacht . . .

Aber das war richtig, was die Tannenmuhme vorhin von ihnen gesagt hatte: eine rechte Plage hatte ihre Mutter oft mit ihnen. Da hatten sich einmal – früher – ganz früher war das – ein paar Sonnenstrahlen auf der Erde den Scherz erlaubt, die Menschen – schwarz zu malen. Von oben bis unten schwarz! Und die anderen Sonnenstrahlbrüder, die das sahen, die waren so entzückt, daß sie sich schleunigst daranmachten, auf einem anderen Fleckchen Erde die Menschen rot zu malen. Kupferrot! Und auf einem dritten Flecke – da standen plötzlich gelbe Menschen.

Na ... das Gesicht von der Sonne, als sie die Bescherung sah. So sprachlos war sie, daß sie erst gar keine Worte finden konnte. Wer weiß, was sie den Schlingeln getan hätte! Aber da waren alle die übrigen Strahlenkinder gekommen und hatten gebeten, ihnen doch nichts zu tun. Das sähe doch ganz schön aus – meinten sie. Und man wisse doch jetzt auch gleich, wo die verschiedenen Menschen hingehören.

Was wollte Frau Sonne da machen? Erst hatte sie den Regentropfen befohlen, die Menschen wieder reinzuwaschen. Aber das nützte nichts – die Farben waren waschecht, wie es schien.

So war es denn dabei geblieben, bis heute. ...

Dieses Stücklein hatten soeben die Sonnenstrahlen den Tannenkindern am Walde erzählt. Man muß sagen: die Muhme war nicht sehr erbaut davon. Sie fürchtete, die losen Schlingel würden mit ihrem Hang zu Dummheiten und losen Streichen ihre braven Tannenkinderlein noch anstecken.

„Ich glaube, eure Mutter hat eben gerufen", sagte sie. Aber die Sonnenstrahlenkinder waren schon wieder bei etwas anderem. Sie erzählten, was es sonst auf Erden noch alles für Herrlichkeiten zu malen gebe. Die Eisberge hoch oben im Norden – grünschillernd, bläulich und gelblich. Und die Schneekuppen hoch oben im Norden – fein leuchtend rosenrot würden sie gemalt. Und etliche von ihnen, die verstünden sich besonders aufs „Vergolden". So Kirchturmspitzen, wißt ihr; Kreuze – und allerhand Kugeln, und Haustürklinken. Und dann auch einmal Fensterscheiben – Blätter – Wasserwellen.

„Achch . . ."

Da war soeben dem einen der Tannenkinder ein Gedanke gekommen. Es hatte einmal gehört, daß es – wie alle Bäume übrigens – eine Krone besitze. (Den oberen Teil des Baumes – den nennt man nämlich Krone.) Na – dem eitlen Tannenkinde war es nun schon immer nicht recht gewesen, daß man sein Krönlein gar nicht sah.

„Wenn es von Gold wäre" – dachte es nun – „dann würde man es schon sehen. Hei – wie die anderen Bäume alle staunen und mich als Prinzessin ansehen würden!" Und es machte den Sonnenstrahlen den Vorschlag, ihm seine Krone zu vergolden.

Da kam es aber bei der alten Muhme schön an!

„Du eitles Frätzchen", sagte sie. „Du bist nicht mehr als alle anderen, und deshalb bleibt dein Krönchen grün wie alle. Punktum!"

Bums – damit war es also nichts. – Aber vielleicht ließ sich etwas anderes aushecken.

Wenn nun die Sonnenstrahlen einmal ihre Farbentöpfe und die Pinsel mitbrächten? Morgen? Wenn man einmal in der Kinderstube so eine fidele Kleckserei eröffnen könnte? Der Distelfink lila Beine – der Munko einen blauen Schwanz und eine grüne Nase – und die Tannenmuhme – och! Die Tannenmuhme lauter gelbe Tupfen auf ihr Kleid?

„Habe ich es nicht gedacht?“ sagte die Muhme, das heimliche Getuschel doch verstehend. „Das fehlte mir gerade noch!“

In diesem Augenblick sandte die Frau Sonne aber wirklich Ordre: die Sonnenstrahlen sollten schleunigst heimkommen.

„Es war die höchste Zeit!“ sagte die Tannenmuhme.

Die Kätzchen

Der Weidenbusch am Bache draußen hatte den Winter über gut geschlafen. Als er dann endlich eines Morgens im Frühjahr aufwachte – ja – was machte er da für Augen! Sein ganzes Haus, von oben bis unten, bis hinauf zum obersten Dachstübchen, war mit – Kätzchen bevölkert.

„Wie sind denn die um alles in der Welt hierhereingekommen?" dachte der Weidenbusch. „Hab' ich denn so fest geschlafen, daß ich das nicht merkte? Liebe Zeit – das müssen ja mindestens zwanzig Katzenfamilien sein! Und die wollen nun alle bei mir wohnen?"

„Schreib' nur gleich an deine Haustür: Heim für obdachlose Kätzchen", sagte die Wiese zum Weidenbusch. „Aber gib acht, daß sie dir nicht fort- und zu mir laufen, denn ich danke für die Katzengesellschaft."

Ans Fortlaufen schienen aber die Kätzchen nun vorderhand gar nicht zu denken. Sie saßen so still und behaglich da, als wollten sie gleich anfangen zu schnurren. Der warme Sonnenschein tat ihnen gut.

Was für ein schönes, weiches, silbergraues Fell sie doch hatten! Und so rosige Schnäuzchen. Wahrhaftig – es war eine zu niedliche, kleine Gesellschaft!

Der Weidenbusch, der nun auf einmal Herbergsvater geworden war, machte sich aber doch Gedanken um sie.

„Was fang' ich bloß mit ihnen an?" sagte er. „Wenn doch nur einer käme und sich ein paar Kätzchen mit nach Hause nähme!"

„Vor allen Dingen will ich ihnen aber mal etwas zu trinken geben", dachte er, holte aus seiner Speisekammer den besten Weidensaft, den er hatte, und setzte ihn den Kätzchen vor.

Nach ein paar Tagen schon wurde sein Wunsch erfüllt. Leute, die über die Wiese spazieren gingen, blieben am Weidenbusch stehen und sagten: „Ach – was hat der für niedliche Kätzchen. Wir wollen doch ein paar davon für die Kinder mit nach Hause nehmen."

Diese Kätzchen bekamen's nun gut. Als die Mutter mit ihnen in die Stube trat, sprangen ihr die Kinder entgegen und nahmen ihr die Kätzchen von den Armen. Sie streichelten sie, und das Jüngste gab sogar verstohlen dem allerkleinsten Kätzchen einen Kuß.

Dann wurde mit den Kätzchen gespielt. Sie bekamen Stübchen – einen Ofen – eine Küche gebaut, und am Abend wurden sie gar alle einzeln ins Bettchen gelegt und schön warm zugedeckt. Mehr konnten sie doch nicht verlangen, nicht?

Der Mond, der den Weidenbusch am Abend noch einen Besuch abstattete, berichtete denn auch, daß die Kätzchen ihm von ihrem weichen Lager aus behaglich zugeblinzelt und recht zufrieden ausgesehen hätten.

Da war der Herbergsvater froh!

Und die Kätzchen, die bei dem Weidenbusch geblieben waren? Wie erging es nun denen?

Na – auch denen ging es nicht schlecht, wahrhaftig nicht. Man kann wohl sagen, daß ihnen ein guter Stern geleuchtet haben mußte, als sie sich in das Weidenbuschhaus eingeschlichen hatten. Denn gehalten wurden sie – so gut, daß sie bald groß und dick und kugelrund wurden. In der ganzen Nachbarschaft waren sie auch schon bekannt. „Die Weidenkätzchen“ nannte man sie schlechtweg; ein Beweis dafür, wie sie ganz zur Familie gerechnet wurden.

Aber denkt euch nur – wie gelungen: auf einmal bekamen die Kätzchen eine ganz andere Farbe. Erst kamen ein paar gelbe Haare heraus – nach und nach verschwand das graue Fellchen ganz und gar, und die Kätzchen wurden gelb – ganz wunderschön goldgelb.

Der Weidenbusch sah das mit Staunen! So etwas hatte er noch nie erlebt – natürlich, denn er blühte ja zum erstenmal in diesem Jahr. Aber seine goldgelben Kätzchen gefielen ihm fast noch besser als die silbergrauen, und er meinte: „Wenn doch nur recht viel Besuch kommen wollte, dem ich meine Wunderkinder zeigen könnte!“ Er war ordentlich stolz auf sie.

Wie er gewünscht, so kam es auch. Schon am nächsten Tage kamen – ihr Körbchen am Arm – ein paar Bienenfrauen über die Wiese geflogen.

„Ei – Herr Weidenbusch – was haben Sie da für nette, hübsche, dicke Kätzchen!“ Und sie setzten sich, ohne zu fragen, gleich zu den Katzenblütenkindern hin, erbaten sich ein wenig Weidenhonig von ihnen, weil sie Durst hatten, und streichelten der Kätzchen hübsches, goldenes Fell.

„Ei – ei, was ist denn das?“ rief der Weidenbusch ganz entsetzt. „Das Fell färbt ja ab – an Ihrem Kleid hängt ja lauter Gold!“

„Mm –“ machten die Bienenfrauen. „Das ist fein! Das bringen wir unseren Kindern mit, da werden die sich freuen!“ Und sie steckten den goldenen Blütenstaub, der wirklich von den Haaren der

Kätzchen kam, schleunigst in ihre Körbchen hinein.

Der Weidenbusch dachte: „Na – wenn jeder Besuch das so macht, dann wird ja wohl bald von den schönen goldenen Fellchen nichts mehr übrig sein.“ Aber so schlimm war's doch nicht.

Den Bienenfrauen mußte der Weidenhonig aber wohl sehr gut schmecken, denn sie tranken und tranken immerzu und waren gar nicht sattzukriegen.

„Adieu – morgen kommen wir wieder!“ riefen sie endlich.

„Wird mir sehr angenehm sein“, sagte der Weidenbusch höflich.

Und sie kamen wirklich wieder und brachten noch eine Menge anderer Bienenfrauen mit. Und Schmetterlinge und Hummeln und Käferherren kamen, und sie waren alle ganz entzückt, und sie sagten: „Herr Weidenbusch, Sie sind der angesehenste Mann hier am Ort! Ihr Haus leuchtet schon von weitem – wie ein goldenes Märchenschloß sieht es aus. Ja – wie ein Schloß mit verwunschenen Kätzchen!“

Da strahlte der Weidenbusch über sein ganzes breites Gesicht vor Vergnügen. „Na – dann hab' ich die Katzengesellschaft doch nicht umsonst großgezogen“, meinte er.

Auf der Gänsewiese

Die Wiese war besät mit Gänseblümchen. Wie lauter kleine weiße Sterne sahen sie aus dem Grase hervor – lauter lachende, leuchtende Kindergesichter. Manche hatten rosig angehauchte Bäckchen, manche waren noch ein bißchen scheu und hielten sich's Gesicht zu; aber doch die meisten sahen frisch und strahlend in den hellen Morgen, auf den blauen Himmel, in den goldenen Sonnenschein hinaus – es war eine Freude, sie anzusehen.

„Wenn das die Gänse wüßten!" sagte die Bachstelze, die auf der Wiese spazieren ging. Aber das grüne Gras, das meinte: „Lieber nicht! Es ist nicht nötig, daß sie's wissen. Wirklich nicht." Das Gras, das hatte nämlich für sich selber Angst! Denn die Gänse fressen ebensogern Gras wie Gänseblümchen.

Ich weiß nun nicht, ob es die Bachstelze den

Gänsen doch verraten hatte. Aber eines Tages kam wirklich eine Herde weißer Gänse im Gänsemarsch auf die Wiese gezogen. „Gagagagagagak ...", sie machten sich schon von weitem bemerkbar.

„Wer ist das?" fragten die Gänseblümchen, denn sie hatten noch keine Gänse gesehen. „Es werden Soldaten sein. Aber dafür watscheln sie zu viel."

„Schulkinder sind's – die singen", meinte ein andres. Am Morgen waren nämlich schon ein Trupp Soldaten und eine Reihe Schulkinder auf der Landstraße vorbeimarschiert.

Aber das Gras, das zwischen den Gänseblümchen stand, das sagte: „Paßt auf! Das ist eure Gevatterschaft – eure Patenonkels und -tanten, von denen ihr den Namen habt. Es sind vornehme Leute – sie tragen schöne weiße Federkleider, das ist wahr. Aber ich muß sagen: ich wünschte doch, sie wären geblieben, wo der Pfeffer wächst, denn wo sie hinkommen, da wächst bald kein Gras mehr – und kein Gänseblümchen. Paßt nur auf."

Die Gänseblümchen kriegten keinen kleinen Schreck! „Gagagagagagaaak ..." machten die Gänse und kamen näher und immer näher.

„Wie sie die Hälse recken", sagten die Blümchen ängstlich. „Ja, na – sie wollen sich ihre Patenkinder doch genau betrachten!"

„Wie sie schreien ..."

„Das heißt: Guten Tag. Guten Tag."

Na – ich muß nun auch sagen: das war mir 'ne nette Gevatterschaft! Jedesmal, wenn so 'ne Patentante einem kleinen Gänseblümchenkind guten Tag gesagt, dann biß sie ihm gleich den Kopf ab. Und man hätte meinen können, sie wolle ihm bloß einen Kuß geben. Aber so geht es manchmal.

„Es ist ein Jammer um die schöne Wiese", klagte ganz traurig der Weidenbusch am Bache. „Ich wollte, das Gänsemädchen schnitte eine Gerte von mir ab und ich dürfte die Gänse damit durchhauen."

Der Wind aber, der auf der Wiese herumstrich, das war ein Pfiffiger.

„Was wollen Sie denn?" sagte er. „Wenn die Gänse jetzt nicht fressen, bekommen wir zu Martini keinen Gänsebraten. Und womit soll dann die Mutter ihre Betten stopfen? Mit Ihren Weidenruten etwa? Na – also?"

Das erste Veilchen

Eben schlug ein kleines Veilchen zum ersten Male seine blauen Augen auf.

„Hurra – willkommen! Willkommen!" riefen die grünen Grashalme des Rasenplatzes und machten sämtlich eine tiefe Verbeugung. „Das ist aber zu schön, daß das erste Veilchen bei uns aufgeblüht ist!"

Und im Nu wußte es der ganze Garten. Die Sträucher mit den grünen Blattknöspchen nickten Grüße, der Frühlingswind kam, die Sonnenstrahlen; Amsel, Buchfink und Starmatz brachten gleich ein Ständchen, und sogar die hohen Bäume im Garten winkten gnädig mit den Ästen ein Willkommen von oben herab.

Das kleine Blauveilchen wußte gar nicht, wie ihm geschah. So viel Ehre, so viel Wärme, so viel Licht ... es senkte tief, tief sein Köpfchen und wäre am liebsten wieder in den Boden zurückgekrochen. Aber der Frühlingswind faßte es sanft unters Kinn, hob ihm das Gesichtchen wieder hoch und sagte: „Was brauchst du dich zu schämen? Guck doch auf – du bist ja ein wichtiges Persönchen!"

„Das erste Veilchen!" jubelten die Sonnenstrahlen, und küßten es. „Nun weiß man doch, daß es Frühling ist, denn man hat dir ja in die Augen gesehen – Frühlingskind!"

„Paßt nur gut auf", sagten sie dann noch zu den Grashalmen, „daß ihm nichts geschieht. Wenn die Menschen kommen und es pflücken wollen, dann bedeckt es gut." Da standen alle die Grashalme wie ein Regiment Soldaten in grüner Uniform, und sie streckten ihre Spitzen als Gewehre vor zum Zeichen, daß sie kampfbereit.

Nicht lange darauf kamen richtig ein paar Kinder in den Garten. Sie liefen um den Rasenplatz herum, fingen sich und schrien und setzten sich auch wohl mal ein Weilchen auf den Rasen.

„Oa – ein Veilchen! Ein Veilchen!" rief plötzlich das eine, „das muß ich dem Vater bringen!" Und schon streckte es die Hand aus, um das Veilchen zu pflücken.

Die Grassoldaten neigten sich vor und streckten die Gewehre. Wie die im Sonnenschein blitzten! Ach – aber was konnten sie machen? Sie waren doch viel zu schwach!

Da kam aber schon ein andres kleines Mädel gesprungen. „Nicht pflücken – nicht pflücken!" schrie es. Und blitzschnell kniete es auf den Rasen nieder, machte mit seinen Händen ein kleines Dach und legte das schützend über das Veilchen.

„Vater hat gesagt, wenn wir das erste Veilchen sehen, dann sollten wir ihn hinführen!" sagte es. „Er hat nicht gesagt, daß wir's pflücken sollen. Er will es lieber im Garten sehen."

Nein – was waren die grünen Grassoldaten da so froh. Sie präsentierten die Gewehre vor dem kleinen Mädchen, und die Sträucher sagten: „So ist's recht! Nun haben wir doch auch noch was von der Frühlingsfreude."

Wie die Vergißmeinnicht auf die Erde kamen

Der blaue Himmel oben war einmal traurig. Er fand es nicht recht von den Menschen da unten, daß sie die Erde – die bunten Blumen, den grünen Wald, die Wiesen, Täler und Berge – immer soviel mehr bewunderten als ihn.

„Als ob an mir nicht auch sehr viel Schönes wäre!" brummte er. „Und was hab' ich doch für eine schöne blaue Farbe. Und die weißen und rosigen Wolken – und abends die goldenen Sternlein ..."

Rrrumrumrum ... erst brummelte er nur so'n klein bißchen, der Himmel, zog sein großes graues Taschentuch hervor und weinte ein paar dicke, dicke Tränen. Aber dann wurde er immer ärgerlicher, sein Gesicht verfinsterte sich – Rrum bum bum bumm ... und schließlich gab's ein richtiges Donnerwetter.

Die Menschen sahen ganz ängstlich zu dem finstern Himmel auf. „Aha – es hilft schon!" dachte er. „Jetzt gucken sie schon nach mir. Na wartet nur – potz Blitz – ich will euch schon noch lehren, an mich zu denken!" Und hierauf sprach der Himmel leise mit den Wolkenfrauen, von denen er wußte, daß sie gerade große Wäsche hatten.

„Mm! Mm!" machten die. „Ist schon gut. Soll schon besorgt werden . . ."

Und was geschah nun? Auf die Erde strömte ein Platzregen herab – ein Regen, wie ihn die Leute noch selten gesehen hatten. Immer toller wurde er, und schließlich war's, als ob die Wolkenfrauen das Wasser aus großen Eimern oder Zubern schütteten.

O weh! wie sah die schöne Erde aus, als endlich dieser Regen aufgehört. Niedergedrückt das Getreide, die Früchte von den Bäumen abgefallen, geknickt und hingestreckt die schönen, bunten Blumen in den Gärten. Und was sagten die Menschen dazu?

Sie sahen jetzt wohl manchmal zum Himmel auf, ja. Aber nicht freundlich – bewundernd. Nein, ganz bitterböse Blicke schickten sie hinauf, so, als wollten sie sagen: „O du – warum hast du uns das getan? Das war nicht schön von dir!" Da wurde der Himmel wieder traurig, und er sah ein, daß er sich seine Sache nur schlimmer, statt besser gemacht hatte. Er besann sich auf was anderes.

„Ist's nicht mit Bösesein gegangen, so geht's vielleicht mit Gutsein", dachte er. Und er sprach mit den Sonnenstrahlen. Er fragte sie, wer ihnen ihre schönen goldenen Röckchen genäht, und ob sie ihm nicht raten könnten, was er tun solle, daß die Menschen unten auf der Erde ein bißchen lieb an ihn dächten.

Die Sonnenstrahlen und der blaue Himmel hatten eine lange Unterredung zusammen. Endlich verschwanden die Sonnenstrahlen lachend hinter dem Wolkentor. „Ja, ja, ja – verlaß dich drauf, wir sagen es der Erde", sagten sie; „wir bitten sie auch, dir nicht böse zu sein, und die Kleidchen nehmen wir mit." –

Nun könnte man wieder fragen: und was geschah nun?

Es geschah etwas sehr Liebliches. Nach drei, vier Tagen blühten auf der sumpfigen, noch ganz durchnäßten Wiese plötzlich reizende, kleine blaue Blumen auf. Sie trugen Kleidchen, die genau dieselbe Farbe hatten wie das Blau des Himmels, und in der Mitte hatte jedes einen leuchtenden goldgelben Stern.

Verwundert sahen die anderen Blumen auf der Wiese – Sumpfdotterblume, Himmelschlüssel und Wiesenschaumkraut – die neu gekommenen himmelblauen Blumen an. „Wie heißt ihr denn?" fragten sie. „Vergißmeinnicht! Vergißmeinnicht!"

„Vergißmeinnicht? Das ist aber ein komischer Name!“ meinte die Dotterblume. „Warum heißt ihr so? Ich heiße Dotterblume, weil ich so kuglig rund und schön dunkelgelb bin wie ein Eidotter.“

Da erzählten die Vergißmeinnicht, daß der blaue Himmel oben traurig war, weil man hier unten auf der Erde so wenig an ihn dachte. Und daß er deshalb der Frau Erde ein Stück blauen Himmelskleiderstoff geschickt habe – blau mit goldenen Sternlein darauf – daraus sollte sie für ihre jüngsten Blumenkinder Kleidchen nähen. Die Blumenkinder, die die himmelblauen Kleidchen trugen, die sollten die Menschen dann an den Himmel erinnern. Sie sollten sie bitten, ihn nicht zu vergessen, und deshalb sollten sie heißen: „Vergißmeinnicht.“

„Hm!“ machte die Dotterblume und sah auf ihr dottergelbes Kleidchen herab; es kam ihr auf einmal recht nüchtern und einfach vor zwischen all den duftigen, luftigen Himmelsgewändern. –

Nun kamen zwei Kinder auf die Wiese.

„Vergißmeinnicht! Vergißmeinnicht!“ rief es ihnen entgegen.

„Ooh ...“ sagte das eine von den Kindern – „sieh doch, was für entzückende blaue Blumen da stehen! Himmelblau – richtig himmelblau! Und in der Mitte ein goldener Stern. Meint man nicht, es wären lauter kleine Stückchen Himmel auf die Erde gefallen?“

„Ja“, sagte das andere. Und schnell bückten sich beide, und zu den Blumen, die sie schon hatten, pflückten sie die blauen Himmelsblümlein noch dazu. Dazwischen guckten sie immer wieder mal – glückstrahlend – zum Himmel hinauf.

Ach – wie der sich da freute!

Sternblumen

Es war einmal ein süßes – ein wirklich ganz allerliebstes kleines Engelchen. Löckchen hatte es: so seidenweich und golden – den ganzen Kopf voll; ein Mündchen, nicht größer als eine Kirsche, und Augen so blau und so klar und so tief wie ein Himmelssee.

Auch recht brav war das Engelchen für gewöhnlich zu nennen. Aber – man weiß es: auch der reizendste Engel hat zuweilen seinen schlimmen Tag! Seinen Tag, an dem es ist, als ob ihm ein Teufelchen im Nacken säße, das ihm allerhand Böses ins Ohr flüstert. Einen solchen Tag hatte unser Engelchen heute.

Schon vom frühen Morgen an war es mit einem Schippenmäulchen im Himmel herumgeschlendert. Die Milchtöpfe auf der Milchstraße hatte es umgegossen, die Wolkenschäfchen hatte es am Schwanze gezupft und wer weiß was noch alles für Dummheiten angestellt.

Schon mehrmals hatte der Herr Petrus ihm einen Verweis zukommen lassen; aber unser Engelbübchen hatte heute noch nicht genug Dummheiten gemacht.

Nun war es Abend und glücklicherweise bald Zeit zum Zubettgehen. Unser Engelbub war noch nicht an der Reihe und saß einstweilen noch auf seinem Wolkenschemelchen vor der Schlafstubentür. Die Sternlein waren eben angesteckt worden und leuchteten überall golden zwischen den Wolken hervor. Da – ich weiß nicht, was dem Engelchen einfiel – aber plötzlich: hast du nicht gesehen – hatte es das Sternlein, das ihm zunächst war, gepackt und auf die Erde heruntergeworfen. Und als ob ihm das Spiel gefiele, stand es auf, holte sich noch ein Sternlein und warf es mit kräftigen Ärmchen dem ersten nach. Wupp – noch eins; und schwupp – noch eins. Das Engelbübchen lachte fröhlich. Es hatte gehört, wie's da unten leise „plitsch platsch" gemacht hatte. Gewiß war das Sternlein ins Wasser gefallen! Und wieder nahm es einen Stern, holte aus, warf – und stellte sich auf die Zehenspitzen, um zu lugen, wo das nun hinfiele.

Gerade sah's noch, wie ein großer, mächtiger Berg das Sternlein auffing, da ... hörte es plötzlich ein unangenehmes Räuspern hinter sich. Schnell wollte der Engel sich hinter eine Wolke verkriechen – aber da hatte Herr Petrus es schon am Hemdenzipfel erwischt und hinter der Wolke hervorgezogen.

„Was machst du da?" rief er es an. „Was du da gemacht hast – will ich wissen."

Das Engelchen schwieg; senkte den Kopf sehr tief – und steckte den Finger in den Mund.

Da faßte der Herr Petrus es am Arm und schüttelte es zornig.

„B-engel!" rief er. „Wo hast du die Sterne hingeworfen?"

„D-a-" machte Engel-Bengelchen weinerlich, schluckste und wies mit nassen Fingerlein auf die Erde hinab.

„So" – sagte der Petrus – „da! Na – du bist ja ein reizender Kerl! Ein reizender Engel – wirklich! Aber warte! Nichtsnutz" . . . und abermals rüttelte und schüttelte er den kleinen Engel – „sofort gehst du zum Mond und sagst ihm selber, was du angerichtet hast." –

Was half's? Sehr gern ging das Engelchen ja nicht! Aber schließlich blieb ihm doch nichts übrig, als weinend, die Hände vorm Gesicht, zum Herrn Mond zu trotten und ihm – sehr stockend und sehr jämmerlich – die unglückliche Geschichte zu berichten.

Der gute, alte Himmelsnachtwächter war sehr, sehr traurig. Er konnte es gar nicht begreifen, wie ein Engel auf so böse Gedanken kommen konnte. Er hatte seine Sternlein auch alle sehr lieb und machte sich Gedanken darüber, was nun aus ihnen da unten geworden sei.

„Höre, Engelbub“ – sprach er dann zu dem kleinen Engel – „ich will dir mal was sagen. Was man hingeworfen hat, das muß man auch wieder aufheben. Also: geh du nun nur gefälligst morgen auf die Erde hinunter und such' mir die Sternlein wieder zusammen. Aber daß du dir nicht einfallen läßt, eher wieder heraufzukommen, als bis du sie alle wieder gefunden hast.“

Das Engelchen bekam keinen kleinen Schreck! Auf der ganzen Erde herumgehen und die Sternlein suchen?

Aber wenn der Herr Mond etwas gesagt hatte, dann gab's keine Widerrede, denn er genoß ein großes Ansehen am Himmel, das wußte der Engel. Also senkte er nur den Kopf und trottete wieder davon. –

Am nächsten Morgen aber wurde das Engelein mit dem ersten Sonnenstrahl auf die Erde hinuntergeschickt, . . .

Am nächsten Tage war es – wieder um die Abendzeit. Da bollerte es – plötzlich kräftig wider die Himmelstür.

„Nanu" – machte Petrus und öffnete.

„Waas – du schon wieder?" fragte er sehr erstaunt, als er den kleinen Tunichtgut von gestern draußen stehen sah.

„Nun – und wo hast du die Sternlein?"

Das Engelbübchen war mit einem Satz in den Himmel gesprungen, patschte die Händchen zusammen und lachte.

„Hab' ich nicht!" sagte es einfach; und es klang gar nicht so, als ob es sich deswegen fürchtete.

Der Mond und alle die anderen Engel waren inzwischen herbeigekommen; alles wollte hören, was das Engelchen zu berichten habe.

„Hm!" sagte das. „Denkt euch mal: aus den Sternlein sind lauter Blumen geworden! Wie ich an den See komme und sag' er soll mir das Sternlein rausgeben, das da hinuntergefallen ist, da sagt er: ‚Das Sternlein? Da schwimmt's ja! Aber hergeben tu ich's nicht wieder, denn es schmückt mich so, daß alle Menschen ihre helle Freude an mir haben.'–

Und da sah ich auf dem Wasser eine wunderschöne, große weiße Blume schwimmen; nur in der Mitte war sie noch ein bißchen golden.

Na – sollt' ich die vielleicht wegpflücken und dem See seinen schönsten Schmuck nehmen?

Dann kam ich an den Wald. ‚Wald' – frag' ich – ‚sind in dich hinein vielleicht gestern ein paar goldne Sterne gefallen?'

‚Goldsterne? Ja freilich' – sagt er gleich. ‚Oh – die leuchten so wunderschön in meiner Dunkelheit! Du willst sie doch nicht etwa wieder fortholen?'

‚Wo sind sie denn – zeig' sie mir mal' ... frag ich.

Da zeigt er mir schöne goldgelbe Blumensterne, und – zwei Menschen stehen dabei, und der eine sagt g'rad': ‚Nein, das ist doch zu schön, daß es auch auf der Erde goldne Sternlein gibt! Die am Himmel sind so hoch, die kann man sich gar nicht mal von nahem betrachten und Freude dran haben.'

Da sagt' ich nix mehr und bin weitergelaufen, zum Berg.

Ui je – wie ich den großen, hohen Berg gesehen hab' – da bin ich aber erschrocken! Naufkrabbeln konnt' ich da nicht mehr, dazu war ich zu müde. Und zum Fliegen auch. ‚Berg' – hab' ich da gerufen – ‚bitte, wirf mir doch das Sternlein runter, das ich gestern auf dich geworfen.'

‚Das Sternlein?' ruft der Berg – ‚nöö, fällt mir gar nicht ein! Dem gefällt's ganz gut bei mir, ich hab' ihm ein dickes weißes Blumenmäntelchen umgehängt, damit sitzt's nun im warmen Sonnenschein und erzählt sich was mit dem. Nö – mein liebes Englein – geh du nur wieder heim und sag im Himmel einen schönen Gruß von mir. Und sie hätten ja da oben noch Sterne genug – den einen könnten sie mir schon mal lassen'." ...

Bei diesen Worten sah der kleine Engelbub den Mond an, was der wohl für ein Gesicht dazu machte.

Ja – was sollte der liebe alte Mond dazu sagen? Seinen Sternchen ging es also gut, darum brauchte er sich keine Sorgen mehr zu machen. Menschen, Berg und Wald und See hatten sie lieb und freuten sich, daß sie sie bei sich hatten. – Das war ja gut!

Aber das Englein? Das mutwillige kleine Engelchen?

Der Mond sah Herrn Petrus an, was denn der dazu meine. Herr Petrus kratzte sich gerade hinter den Ohren; seine Miene war etwas bedenklich dabei. Aber dann sah er auch den Mond an, und die beiden zwinkerten sich mit den Augen zu, so, als wollten sie sagen: „Na – dann lassen wir's ihm halt noch mal so hingehen. Was?"

„Aber – das sag' ich dir!" drohte Herr Petrus: „Wehe, wenn mir so was noch einmal vorkommt! Dann sperre ich dich in die dunkelste Wolkenkammer, und da kannst du mal sehen, wie es ist, wenn man das schöne goldene Himmelslicht fortgeworfen."

Engel-Bengelchen senkte ein Weilchen den Kopf. Dann hopste es fix wieder zwischen all die anderen Engel.

Die Sonnenblume

Es war einmal eine große, gelbe, leuchtende Sonnenblume. Sie wohnte im Gärtchen eines kleinen Bahnwärterhauses, mitten auf freiem Felde und gerade vor den Schienen der Eisenbahn.

Die Sonnenblume war so groß, daß sie über den Gartenzaun hinübergucken konnte.

Und was sah sie da? Eisenbahnen! Richtig. Eisenbahnen, so viel sie nur wollte – den ganzen Tag. Eisenbahnen, die nach rechts, und die nach links fuhren; Personen- und Güterzüge, Schnellzüge, Bummelzüge.

Die Lokomotiven mit ihrem „Sch! Sch!“, die Räder mit ihrem Rollen, die Kohlen-, Post- und Gepäckwagen, die langen Reihen offener Güterwagen, auf denen alles mögliche (auch manchmal blökende Kälber und grunzende Schweine) verladen war ... die Sonnenblume kannte das alles ganz genau, denn sie sah es ja immerfort an sich vorüberfahren.

Am schönsten aber fand sie die Personenwagen. Das war doch das lustigste, da immer wieder andere Gesichter aus den Fenstern gucken zu sehen. Herren mit Kappen, Damen mit Schleiern und Blumensträußen; Kinder, die nach den Telegraphendrähten schauten, oder Schokolade knabberten, oder ihre Puppe mit zum Fenster herausgucken ließen, oder mit dem Taschentuch zum Bahnwärterhaus herüberwinkten.

„Wohin mögen sie nur alle fahren?" fragte die Sonnenblume, und das Herz tat ihr weh, daß sie nicht mitreisen konnte in die weite Welt.

„Da kann ich Bescheid geben", meinte die nächste Telegraphenstange. Sie war es, die von der kleinen Gesellschaft hier draußen am meisten Verbindung mit der Welt hatte.

„Manche von den Leuten" – sagte sie – „die waren verreist und fahren wieder nach Hause. Manche reisen in Geschäften – manche für ihre Gesundheit in ein Bad. Viele Leute, die besuchen Verwandte oder Bekannte, die irgendwo anders wohnen. Und manche wollen in irgendeiner anderen Stadt etwas lernen – na, und manche: die reisen eben nur so, um sich mal die Welt anzusehen."

Die Sonnenblume war nachdenklich geworden. „Viele Leute, die besuchen Verwandte oder Bekannte", hatte die Telegraphenstange gesagt. – Wenn sie das auch mal könnte?

„Sonnenblume" hieß sie. Wenn sie nun – wenn sie ...

Die Sonnenblume sah zum Himmel auf. Ja: die Frau Sonne da oben – das mußte doch eine Verwandte von ihr sein! Wenn sie nun – die mal besuchen ging? Ooo – jaa!

Die Sonnenblume hatte zwar bis jetzt noch keinen Eisenbahnzug gesehen, der in dieser Richtung fuhr. Aber dann mußte sie halt ihre eigene Eisenbahn sein.

Jaa ... auf! Und: los!

Sie teilte dem Gärtchen ihren Reiseplan gleich mit: „Glückliche Reise", sagten die Kohlköpfe. Und „hast du auch an das Mitbringen gedacht?" fragten die Blumen. „Wenn man zu Besuch geht, muß man immer etwas mitbringen."

Daran hatte die Sonnenblume noch nicht gedacht. Aber es fiel ihr ein, daß sie ja in ihrem Kämmerchen in den Samenkörnern etwas Öl hatte; das wollte sie Frau Sonne mitbringen, zum Leuchten.

Und nun tat sie so, als ob sie wirklich mit der Eisenbahn führe. „Einsteigen!" sagte sie. „Bimm limm limm – abfahren! Sch – sch sch – – üüüü ..." Das hatte sie so von den Bahnwärterkindern gehört ...

Und die Sonnenblume reckte sich – reckte sich – streckte sich.

Aaaach ... ging das aber langsam! Das merkte man aber, daß da keine Lokomotive vor war.

„Üüüüü – Sch! Sch sch ...“

Sie reckte sich, streckte sich, schob ...

„Das ist gewiß ein Bummelzug!“ dachte sie, und streckte sich weiter, schob – und schob.

Und ob das ein Bummelzug war! Wißt ihr, wie weit die Sonnenblume in acht Tagen gekommen war? Ganze zehn Zentimeter weit – ein Stückchen weiter wie mein Zeigefinger. Eine Eisenbahn wäre in derselben Zeit schon beinahe in China gewesen. Aber die Sonnenblume verlor doch den Mut nicht.

„Gewöhnlich“ – sagte sie zu sich – „pflegen die Extrazüge zwar extra schnell zu fahren. Der meine fährt halt nun mal extra langsam – aber dafür geht die Reise auch wo ganz extra's hin!

Einmal werde ich schon hinkommen. – Station Fenstersims: Fünf Minuten Aufenthalt!“

Sie reichte nämlich jetzt gerade bis zum Fenstersims am Häuschen. –

Na: und in dem Tempo ging das nun weiter. In vierzehn Tagen reichte sie bis zum Fensterknopf, in vier Wochen war sie oben bei der Haustür angelangt.

Sie war nun schon so hoch, daß sie dem Bahnwärter auf den Kopf gucken konnte.

Und die Sonnenblume reckte sich, streckte sich, schob . . .

Und immer noch sah sie mit strahlendem Angesicht zur Frau Sonne auf, der sie wirklich ein bißchen ähnlich sah. Und wenn es Abend war und in den Zügen waren die Lichtchen angesteckt, und das sauste im Dunkeln so goldig glitzernd, blinkend an ihr vorüber – dann dachte die Sonnenblume: „Wo ich zu Besuch hinkomme, da wird's noch zehntausendmal goldiger blitzen!" –

Nun reichte die Sonnenblume bis zum Kendelrohr am Dach oben.

Das ist schon mächtig groß für eine Blume, nicht wahr? Aber . . .

„Wie weit habe ich eigentlich noch zu reisen?" fragte sie die Telegraphenstange. „Können Sie mir's wohl sagen?"

„Zwanzig Millionen Meilen weit", war die Antwort.

Die Sonnenblume wußte wirklich nicht, wie weit das war.

„Und wie lange werde ich dazu noch brauchen?" fragte sie wieder.

„Hundert Millionen Jahre – wenn Sie sich eilen, mein Fräulein."

Hundert Millionen Jahre. Die Sonnenblume konnte sich auch das nicht vorstellen, wie lange das war. Aber –

Hundert Millionen Jahre ...

Hundert Millionen Jahre ... Das – das schien ihr doch jetzt klar zu werden: so weit werde ich niemals kommen!

Sie sagte kein Wort – sie neigte nur stumm das Haupt. –

„Alles aussteigen! Endstation“, dachte sie traurig.

„Das kommt davon, wenn man nach der Sonne reisen will“, sagten die Blumen im Gärtchen. Und: „Es ist nur gut, daß Frau Sonne nicht auf das Leuchtöl zu warten braucht“ – meinte der Schnittlauch. Aber die Sonnenblume antwortete nicht. Wie hoch sie doch über den anderen Blumen stand! Jetzt merkte sie es erst. Ob sie sich wohl je wieder mit ihnen würde unterhalten können? Vorläufig stand sie noch so da, wie jemand, der sich recht, recht schämt. –

„Sch – schsch – – schsch – – –“

Was kam da auf einmal Weißes, Zartes, Duftiges durch die Lüfte gezogen? Nahm die traurige Blume in den Arm und hüllte sie ein Augenblickchen in ein Wölkchen ein – so wie eine Mutter ihr Kind wohl mal einen Augenblick mit der Schürze zudeckt?

Es war der Lokomotivenrauch.

Du brauchst dich nicht zu schämen“, sagte er. „So wie dir geht es allen Sonnenblumen! –

Laß sie nur lachen da unten – sie verstehn's nicht besser." –

Ph . . . weg war er.

Der Schmetterling

Heute war ich auf dem Meere, erzählte der Sonnenstrahl.

Ich scheine gern auf das Meer, denn es ist sehr lustig da. Große und kleine Dampfschiffe, Fischerboote und Segelschiffe fahren da; aber die letzten gefallen mir am besten. Die schönen weißen Segel sehen beinahe so aus wie zwei große weiße Flügel, und so kann man ganz gut von weitem ein Segelschiff für einen großen weißen Schmetterling halten.

Ja, am Meere ist es lustig.

Einen guten Kameraden habe ich da – den Wind. Der ist fast immer dort. Der Wind und ich, wir spielen mit den grünen Wasserwellen; er bläst und bläst, so daß sie alle übereinanderkugeln und die Schiffe anfangen zu schaukeln. Und ich, ich werfe ein goldenes Licht auf die Wellen, daß sie glänzen und leuchten. Manchmal sieht es aus, als ob lauter Goldstücke darin herumschwimmen; manchmal sieht man aber auch bloß einen langen goldenen Streifen. Dann könnte man glauben, das sei eine goldene Brücke, die über das Meer führt.

„Paß nur auf, daß nicht mal jemand über die Brücke gehen will und dabei ins Meer fällt“, sagte der Wind zu mir.

„Ach, wer wird so dumm sein?“ antwortete ich ihm. Die Fische, die im Meere herumschwimmen, die brauchen keine Brücke, und die Fischersleute drüben aus dem kleinen Hause auch nicht, denn wenn die auf das Meer hinauswollen, so fahren sie in einem Boote.

„Na – siehst du nicht den kleinen weißen Schmetterling, der dort am Strande hin und her fliegt?“ fragte der Wind nun wieder; „der sieht mir gerade so aus, als hätte er Lust zu einem Spaziergang über das Meer.“

Wirklich – nun sah ich den Schmetterling auch.

Dicht am Meer – da, wo der viele weiße Sand und all die kleinen Muscheln liegen, flog er herum. Nun setzte er sich gerade auf eine allerliebste rosenrote Muschel, wippte mit den Flügeln und sah auf das Meer hinaus.

Es war ein niedlicher weißer Schmetterling, so niedlich, daß ich wünschte, seine Bekanntschaft zu machen.

„Guten Morgen, Weißflüglein", sagte ich; „wo geht die Reise hin?" – Er hörte nicht.

„Guten Morgen, du kleiner Schmetterling", sagte ich noch einmal; „wo kommst du her und wo willst du hin?"

Aber er hörte wieder nicht.

„Es wird wohl ein ganz junger sein", sagte der Wind, „einer, der die Sonnenstrahlsprache noch nicht gelernt hat. Vielleicht ist es gar derselbe, der heute morgen in dem Gärtchen vorm Fischerhause dort drüben auf die Welt gekommen ist. Ja – ja – er ist es! Nun erkenne ich ihn! Ich sah ihn heute morgen aus der Puppe auffliegen. Er ist wohl ein paar Stunden alt."

Da war es freilich kein Wunder, daß der Schmetterling die Sonnenstrahlsprache noch nicht gekannt hatte!

Wie soll ich aber nun seine Bekanntschaft machen? dachte ich. Ich werde ihm einen Kuß geben, das wird er sicher verstehen. Und leise küßte ich ihn auf einen der niedlichen weißen Flügel.

„Na –" rief er ganz erstaunt und sah sich um – „wer hat mir denn da eben einen Kuß gegeben? Warst du das, lieber Sonnenstrahl?"

„Ja", sagte ich; aber das konnte er ja wieder nicht verstehen. Deshalb küßte ich ihn noch einmal.

„Das ist lieb von dir", sagte der Schmetterling.

„Wenn du so lieb bist, dann wirst du mir wohl auch gerne helfen. Siehst du den herrlichen großen Schmetterling, der dort auf dem Meere schaukelt? Wie schön und prächtig ist er! Wie seine großen weißen Flügel schimmern und glänzen. Ach – zu dem möchte ich hinfliegen!"

Ich wußte – er meinte das Segelschiff.

„Liebes, kleines Weißflüglein – das ist ja gar kein Schmetterling – das ist ja ein Segelschiff."

Aber der kleine Schmetterling verstand mich wieder nicht.

„Zu dem möchte ich hinfliegen", sagte er. „Ach, aber ich kann ja nicht! Erst seit ein paar Stunden habe ich das Fliegen gelernt, und da traue ich mich noch nicht auf das große Meer hinaus. Lieber, guter Sonnenstrahl – willst du mir nicht helfen? Du hast da auf dem Meere eine so schöne, goldene Brücke gebaut – darf ich mich mal ein Weilchen darauf ausruhen, wenn ich vom Fliegen müde werde?"

„Siehst du", sagte der Wind, „da haben wir's! Er will über die Brücke gehen."

„Tu das nicht, kleiner Schmetterling", rief ich, „das ist keine Brücke, das sieht nur so aus. Du würdest ins Wasser fallen und ertrinken."

Ach – ich hatte wieder nicht daran gedacht, daß der kleine Schmetterling ja nicht verstand.

„Du bist ja so gut", sagte er, „du wirst es mir schon erlauben." Und dabei flog er von der

Muschel, auf der er gesessen hatte, auf und flog ganz dicht ans Meer heran.

Die Wellen rauschten und riefen: „Nimm dich in acht! Nimm dich in acht!“ Der Wind blies und pfiff: „Bleib da! Bleib da!“

Umsonst – der kleine Schmetterling hörte das alles nicht.

„Ich halte es nicht mehr aus hier“, sagte er; „ich sterbe vor Sehnsucht. Wie schön ist er doch, der große Schmetterling – wie herrlich seine weißen Flügel in der Sonne schimmern und leuchten. Ich will zu ihm hinfliegen, ihn mir von nahem betrachten und bei ihm bleiben. Oh – wie glücklich werde ich sein.“

Und nun flog er vom Strande, von dem weißen Sande fort, nun flog er über das Wasser, auf das Meer hinaus.

Die grünen Wellenkinder unter ihm funkelten und glitzerten im goldenen Sonnenlicht, sie tanzten und schaukelten sich und bespritzten sich gegenseitig mit weißem Schaum.

Zuerst gefiel es dem kleinen Schmetterling ganz gut, die Wellen waren klein und niedlich. Aber dann kamen ein paar große, die tanzten und schaukelten so arg, daß es ihm ganz schwindlig wurde. Sie machten auch viel Spektakel und bespritzten ihn mit Wasser, so daß er ganz naß wurde.

Und nun kamen immer mehr, immer mehr

Wellen, und das Schaukeln und Spektakelmachen wurde immer toller. Da wurde es dem kleinen Schmetterling doch ein wenig angst. „Ob ich wohl hinkommen werde?“ sagte er. Aber da sah er ihn wieder vor sich, den herrlichen weißen Schmetterling – dort auf den Wellen schaukelte er.

Da wurde es dem kleinen Schmetterling wieder ganz froh und warm und glücklich ums Herz. „Mut! Mut! Bald bin ich dort“, dachte er und flog weiter.

Da – auf einmal sah er wieder die goldene Brücke unter sich. „Ich werde mich ein Weilchen darauf ausruhen“, sagte er.

Ach – ihr wißt – der goldene Streifen war ja keine Brücke, es war ja nur mein goldenes Sonnenlicht, das auf das Wasser schien.

Aber der kleine Schmetterling wußte das ja nicht. Langsam setzte er sich nieder auf das Wasser ... da kam ein grünes Wellenkind dahergesprungen, das nahm ihn mit sich hinunter ins Meer ...

Als der Schmetterling fort war, kam das große Segelschiff dahergefahren; gerade über die Stelle, wo er ertrunken war, fuhr es hin.

Ich glaube, es war sehr gut für ihn, daß er ertrank – denn er wäre doch sicher sehr traurig gewesen, wenn er gesehen hätte, daß der schöne, große Schmetterling nur ein Segelschiff war.

Ja! Ja! Es war ganz gut so!

Die kleine Aster

Im Garten des Gärtners war eine kleine neue Aster aufgegangen. „Nein, ich will kein rosa Kleid" – sagte sie, als Mutter Erde ihr eben ein leuchtend rosa Röckchen überschlupfen wollte. „Ich habe gestern abend die Sternlein aufgehen sehen, und die hatten alle goldene Kleider an. Und ich bin eine Sternblume, und ich will auch ein goldenes Kleid."

„Himmel – was für Einfälle!" sagte Mutter Erde. „Hat man schon je so was gehört! Freilich bist du ein Patenkind von den Sternen und siehst ihnen mit deinen Strahlen auch ähnlich, aber deine Schwestern alle hier im Garten doch auch. Und hat vielleicht eine von denen ein goldenes Kleid?"

Das Asterblümchen sah sich im Garten um. Nein – da waren nur rote, rosa, blaue, lila und weiße Röckchen.

„Aber das ist mir ganz gleich", sagte es; „wenn

meine Schwestern so dumm sind – ich bin's nicht. Sternblumen müssen goldne Kleider haben, und ich will nur ein goldnes Kleid."

Das war nun gar nicht so unrichtig gedacht von dem Asterblümchen. Aber der Herbst, der all die bunten Kleidchen für die Asterkinder mitgebracht, hatte nun einmal nicht daran gedacht; er mußte auch schon an so vieles denken. Anderen Blumen hatte er wohl goldgelbe Kleider gegeben, aber für die Astern hatte er nur rote, blaue und weiße ausgesucht, damit mußte auch das jüngste Asterchen sich nun wohl zufriedengeben. Aber das war ein kleiner Trotzkopf. Ganz blaß und grün war's im Gesicht vor Ärger, es streckte die Ärmchen hoch und wollte sie um die Welt nicht heruntertun; Mutter Erde konnte ihm das Kleid nicht anziehen.

„Meinetwegen – so bleib' wie du bist", sagte sie ärgerlich. „Dann kannst du halt ganz ohne Kleid gehen."

Nun kam eine Dame in die Gärtnerei. „Guten Tag – ich möchte gern einen recht bunten Asternstrauß haben", sagte sie zu dem Gärtner. Da ging der Gärtner zwischen den Asternschwestern herum, pflückte hier eine rote und da eine blaue, eine rosa, eine lila, eine weiße . . . es war ein herrlicher Strauß. Wie sahen all die bunten Röckchen zusammen so hübsch und so lustig aus, und wie strahlten aus ihrer Mitte all die goldigen Asterngesichter. –

Die Dame freute sich auch sehr, als sie den Strauß nahm; sie lachte mit dem ganzen Gesicht.

Mutter Erde sah das kleine trotzige Asterchen an – das blinzelte zwischen den Fingern hindurch ein bißchen zu den Schwestern hinüber; aber sonst regte es sich noch immer nicht.

So war es Abend geworden. Die Dunkelheit war gekommen, und mit ihr auch wieder am Himmel die goldenen Sterne.

„Nun werde ich wohl endlich recht bekommen!" sagte das Asterblümchen, und schnurstracks wandte es sich an die Sterne, seine hohen Paten, selbst und klagte ihnen bitterböse ihr Leid.

Und was sagten die Sterne?

„Ei, ei!" sagten sie. „Solch ein böses Gesicht und will uns ähnlich sehen! Was denkt sich das Asterchen? Nein: auf das Kleid kommt es gar nicht an. Tu nur deine Ärmchen herunter und strahle recht schön und recht freundlich. Dann ist es ganz egal, was du für ein Kleid anhast – dann siehst du uns doch ähnlich, und wir haben dich lieb." ...

Das Asterchen machte erst ein ganz verdutztes Gesicht. Dann dachte es ein Weilchen nach ...

Und was denkt ihr?

Am anderen Tage stand im Garten des Gärtners – mit goldig zufriedenem Gesicht – eine ganz wunderhübsche, rosenrote, kleine strahlende Aster.

Das Wirtshaus zum Weidenbusch und seine Gäste

Schön war es gelegen, dieses Wirtshaus. Mitten auf der Wiese, zwischen Blumen und Gräsern; und unten, dicht am Hause, floß noch ein Bach.

Aber ihr müßt euch kein gewöhnliches Wirtshaus denken – kein Haus aus Stein gebaut – nein, ich meine bloß den Weidenbusch, der am Bache stand.

Man konnte wohl sagen, daß er ein Wirtshaus war, denn es kamen viele, viele Gäste täglich dahin: Schmetterlinge und Vögel, Bienen, Käfer und Schnecken. Das Gasthaus zum Weidenbusch war auf der ganzen Wiese bekannt. Nirgendwo anders war es an heißen Sommertagen so schön kühl – nirgends gab es so schöne Konzerte und so gute Tanzmusik, und nirgends hörte man auch so viel Neuigkeiten und interessante Dinge als da.

Denn das Gasthaus zum Weidenbusch war nicht nur von den Wiesenbewohnern besucht – nein, auch viele fremde Reisende kehrten dort ein, und die wußten immer viel von der großen Welt draußen zu erzählen.

Da war zum Beispiel die dicke Frau Blechbüchse, die aus der nächsten Stadt gekommen war. Seit das Gemüse, das sie früher beherbergt hatte, verzehrt worden, war ihr Leben inhaltlos geworden, und sie hatte sich auf Reisen begeben. Frau Blechbüchse war eine recht unterhaltende Dame gewesen und hatte viel von der Stadt, den großen Fabriken und den herrlichen Läden erzählt. Das Wirtshaus zum Weidenbusch hatte ihr auch sehr gut gefallen, und sie wäre gerne noch länger dort geblieben, wenn nicht eine alte Frau, die an dem Weidenbusch vorüberging, sie aufgehoben und mit nach Hause genommen hätte.

Ein anderer Gast, der auch einmal ein paar Tage da logiert hatte, war der Herr von Gurkentopf, ein alter Invalide. Das war ein griesgrämiger, alter Geselle gewesen, dem nichts recht war und der immer ein saures Gesicht machte – aber das kam bloß daher, daß er sein Lebtag immer bloß mit Essiggurken zu tun gehabt hatte.

Da war der lustige Junker Strohhut ein ganz anderer Kerl! Der sah zwar recht heruntergekommen aus, schäbig, durchlöchert und schmutzig – aber lustig und voller Witz und Schnurren war er. Er hatte wohl auf einem klugen Kopf gesessen.

Lange hielt der Monsieur Strohhut es nirgends aus. Mitten im Erzählen packte ihn das Reisefieber – wupp – da war er auch schon unten im Bache. „Ich werde meine Reise zu Wasser fortsetzen", sagte er, „es ist bequemer und außerdem billiger."

Ja, ja – es war ein buntes Völkchen, das da zusammenkam. Der Wirt zum Weidenbusch hätte Bücher schreiben können über seine Gäste.

Nun war es wieder einmal Sommer geworden.

Auf der Wiese blühten die Gräser und Blumen: Löwenzahn und Butterblumen, Gänseblümchen und Vergißmeinnicht.

Und das Geschäft im Wirtshause zum Weidenbusch blühte auch. Den ganzen Tag konnte man die Haustürglocke – es war eine große blaue Glokkenblume – läuten hören.

Es war noch früh am Morgen heute. Sämtliche Wiesenbewohner lagen noch in tiefem Schlafe – da meldete die Glockenblume, daß neue Gäste angekommen seien. Auf diesen Ruf eilte sogleich eine Wasserratte, die das Amt eines Portiers versah, herbei, um die Gäste zu begrüßen.

„Mit wem habe ich die Ehre?" fragte sie.

„Gebrüder Stiefel", stellten sie sich vor. „Ein reisender Handwerksbursche hat uns an Sie empfohlen und hierhergebracht."

„Sehr freundlich“, sagte die Wasserratte und verneigte sich. „Die Herren haben vermutlich schon eine weite Reise hinter sich?

„Ja. Es war eine schrecklich weite und beschwerliche Reise. Und so staubig war's, und das Pflaster in den Dorfstraßen so schlecht.“

„Die Herren sehen auch recht angegriffen aus“, meinte die Wasserratte.

„Kein Wunder, wir sind entsetzlich müde. Es wird wohl unsere letzte Reise gewesen sein. Wir vertragen das Reisen nicht mehr, wir sind zu alt dazu.“

„Oh“ – machte die Wasserratte, denn sie wußte nicht, was sie sonst dazu sagen sollte. Die Stiefel sahen wirklich schrecklich alt aus. Sie gingen auch schon ganz gebückt und hatten viele Runzeln. Aber das sagt man doch den Leuten nicht gern.

„Sie können sich ja nun gehörig ausruhen“, sagte die Wasserratte. „Hoffentlich gefällt es Ihnen hier. Aber möchten Sie nicht vorher etwas genießen? Tautropfen, Wurmbraten, Mückenpastete?“

„Daran sind wir nicht gewöhnt“, meinten die Stiefel, „es könnte uns schlecht bekommen. Haben Sie nicht etwas Stiefelwichse?“

„Bedaure, das führen wir nicht; es wird hier zu selten verlangt.“ Und damit verneigte sich die Wasserratte, wünschte angenehme Ruhe und verschwand.

„Sehr feine Leute scheinen es gerade nicht zu sein", sagte sie draußen –, „äh, pfui Teufel – Stiefelwichse!"

Die Gebrüder Stiefel sahen sich indessen in ihrer neuen Wohnung etwas um.

„Das Gasthaus macht einen guten Eindruck", sagte der eine, „außen der grüne Anstrich und innen die silbergraue Tapete – das gefällt mir."

Viel redeten die beiden Brüder aber nicht mehr, dazu waren sie zu müde. Der eine neigte sich nach rechts, der andere nach links, und dann schliefen sie beide ein.

Als sie erwachten, war es bereits Mittag. Die Sonne stand hoch am Himmel, es war entsetzlich heiß.

Im Wirtshause zum Weidenbusch aber war es nun nicht mehr so still wie am Morgen. Da saß ein Schmetterling und dort eine Biene, auch verschiedene Vögel flogen aus und ein.

Dicht bei dem Platze, wo die Stiefel standen, saß ein dicker Laubfrosch. Und da die Gebrüder Stiefel ausgeschlafen hatten und Lust verspürten, sich ein wenig zu unterhalten, so redeten sie den Laubfrosch an.

„Besuchen Sie öfter dieses Gasthaus?" fragten sie.

„Ja", antwortete der Frosch, „ich bin sogar Stammgast hier."

„Sind eben viele Gäste da?" fragten die Stiefel wieder.

„Augenblicklich nicht. Bei Tage haben die meisten zu tun. Aber heute abend wird es sehr voll werden. Die berühmte Sängerin Frau Nachtigall wird singen. Sie singt öfter hier, das Wirtshaus gefällt ihr so gut, weil es am Wasser liegt, und sie liebt das Wasser."

„Ja", mischte sich ein Bienlein ins Gespräch, „das Gasthaus zum Weidenbusch hat eine äußerst günstige Lage. Es ist auch das erste, welches im Frühjahr aufmacht."

„So sind noch mehr Wirtshäuser hier am Orte?"

„O freilich! Das ‚Zur Kleeblüte', das ‚Zum Bienensang'. Aber es sind lauter kleinere."

„Klingling", tönte die Hausglocke.

„Eine reisende Wanderratte bittet um ein Almosen."

„Es ist schrecklich, wieviel landstreichendes Gesindel sich hier herumtreibt", sagte die Wasserratte; aber dann gab sie doch etwas.

„Klingling."

„Na, wer ist denn das schon wieder?"

Ein Bienlein war's. „Könnte ich vielleicht noch etwas Honig bekommen?"

„Gibt's jetzt nicht mehr", sagte die Wasserratte, „komm im Frühjahr wieder, wenn die Kätzchen blühen."

Und nun wandte sich die Wasserratte an ihre neuen Logiergäste. „Hoffentlich werden die Herren durch die Festlichkeit heute abend nicht gestört werden. Oder wollen Sie sich vielleicht an derselben beteiligen? Sie könnten gewiß viele Reiseerlebnisse zum besten geben?"

Die Stiefel wollten sehen, ob sie nicht zu müde wären, sie wollten sich bis dahin recht ruhig halten, und das taten sie auch.

Langweilig wurde es ihnen deswegen doch nicht, es gab ja so viel zu sehen hier.

Am meisten Freude machte es ihnen, die Schifffahrt unten auf dem Bache zu beobachten. Was schwamm da nicht alles vorbei – bald ein Rindenstück, bald ein Stück Papier, Strohhalme, Blumen, Blätter und manches andere.

„Das Leben am Wasser ist doch zu interessant", sagte der eine Stiefelbruder. „Sieh doch die reizende Libelle, die dort fliegt. Da – oh, wie schade, nun fliegt sie wieder fort."

„Horch – was sind das für Töne?" fragte der andere. „Es klang wie eine Pfeife."

Es war ein kleiner Junge, der über die Wiese ging. Er setzte sich an den Bach, hielt ein grünes Stäblein in der Hand und pfiff gar vergnügt darauf los.

Die lustigen Töne lockten auch die Wasserratte aus ihrem Erdloch hervor. „Aha" – sagte sie, „die

Pfeife hat er sich drüben bei dem Bruder des Weidenbusches geholt, der hat viele solche Pfeifen."

„Hat denn der Weidenbuschwirt noch Brüder?" fragten die Stiefel.

„Oh – viele. Hier ganz in der Nähe, ein Stückchen weiter unten am Bache, wohnt auch noch einer. Der liefert Weidenruten, die man zum Korbmachen braucht. Aber entschuldigen Sie – ich muß jetzt in die Küche, es gibt noch viel zu tun für heute abend."

Und nun war es Abend. Aber dunkel war es noch nicht, denn im Sommer bleibt es ja auch abends lange hell.

Wer über die Wiese hinsah, der meinte, sie läge ganz still da und nichts rege sich auf ihr. Wie anders aber war das in Wirklichkeit! Wie lebendig war es zwischen den Blumen und Gräsern, auf allen Wiesenwegen. Da kam eine Schnecke angekrochen und da ein Käfer, hier hüpfte ein Heuschreck aus dem Grase hervor und dort eine Grille.

„Haben Sie schon Ihr Instrument gestimmt, Herr Musikant Grille? Es wird wohl getanzt werden im Weidenbusch heute abend", sagte der Heuschreck und hüpfte davon.

„Ein beneidenswerter Gesell, dieser Heuschreck", sagte die Schnecke. „Sich so über alles hinwegsetzen zu können. Unsereiner braucht zu demselben Wege acht Tage."

Ja, sämtliche Wiesenbewohner waren unterwegs, alle wollten die Frau Nachtigall singen hören. Und die Blumen, die am Wege standen, die Gänseblümchen und die Butterblumen, die großen weißen Margaretenblumen und die Vergißmeinnicht grüßten und nickten und wünschten viel Vergnügen. „Vergeßt uns nicht" – rief das Vergißmeinnicht – „trinkt auch einmal auf unser Wohl heute abend."

Im Wirtshause zum Weidenbusch war alles zum Empfang der Gäste bereit. Wie freundlich sah es aus mit all den grünen Blattfähnlein, die zum Willkommen flatterten.

Und nun waren alle Gäste versammelt, nun konnte es losgehen. Aber wo blieb die Sängerin Frau Nachtigall?

„Klingling!" ertönte die Glockenblume.

Das war sie gewiß. –

Nein, es war nur die Kammerzofe, die Bachstelze. Flink und zierlich kam sie angehüpft.

„Einen schönen Gruß von meiner Herrin, und es tut ihr furchtbar leid, aber sie kann heute abend nicht singen, sie ist heiser."

Na – aber da hättet ihr mal die „Ach" und „Oh" hören sollen! „Wie schade!" „Wir hatten uns so darauf gefreut."

In dieser großen Trauer wußte endlich der Wirt zum Weidenbusch einen Rat. „Bittet doch meinen

Namensvetter, den Weidenzeisig, er soll euch etwas vorflöten. Er kann es so fein!“

Da baten alle den Weidenzeisig. Und weil das ein munterer, lustiger Geselle war, der gern den Leuten einen Gefallen tat, so ließ er sich auch nicht erst lange bitten, sondern fing gleich an zu flöten, und zwar so schön, daß alle ganz entzückt davon waren und immer mehr hören wollten.

„Ein netter Kerl, Ihr Namensvetter“, sagte einer der Gäste, ein Star, zu dem Wirte.

„Und ein so guter Ehemann!“ sagte der. „Er hilft immer seiner Frau die Eier ausbrüten.“

„Siehst du wohl?“ sagte die Starenfrau, die auch dabei stand; „daran könntest du dir ein Beispiel nehmen.“

Nun folgten noch mehr Vorträge, Gesang und Flöte und noch manches andere. Auch der Star mußte etwas vortragen und zwar etwas Lustiges, denn er konnte gar komisch sein und allerlei Leute nachahmen.

Und dann wurden die Gebrüder Stiefel gebeten, etwas von ihren Reisen zu erzählen.

Sie wußten viel, sie hatten viel gesehen. Durch Städte und Dörfer, durch Wälder und Wiesen waren sie gewandert, sie hatten Schneefelder durchwatet und waren über staubige Chausseen gegangen. In kleinen Hütten und in großen, prächtigen Häusern waren sie zu Besuch gewesen, sie hatten auf prachtvollen, mit Blumen bestickten Teppichen gestanden, und dann wieder auf rohen Holzdielen.

„Man muß es nehmen, wie es kommt“, sagten sie, „man muß sich überall zu bewegen wissen, das ist die Hauptsache.“

Und dann erzählten sie noch von den Jahrmärkten und Festlichkeiten, die sie besucht hatten.

„Das war ja eine hochinteressante Geschichte“, sagte die Schnecke, als die Stiefel mit Erzählen fertig waren. „So ein Wirtshaus hat doch ein Gutes, man lernt doch allerlei Leute kennen und hört mal etwas von der großen Welt draußen.“

„Ja, ja – so ein Wirtshaus hat sein Gutes“ – schwatzte der Star. „Es ist doch mal was anderes als die ewige Kinderwirtschaft zu Hause.“

„Und dann erholt man sich doch auch gerne mal am Abend bei einem kühlen Trunke, wenn man den ganzen Tag gearbeitet hat“, sagte das Bienlein.

Und nun wurde im Wirtshause zum Weidenbusch noch getanzt. Die Grillen machten die Tanzmusik, und jeder Tänzer suchte sich eine Tänzerin.

Der Käfer holte sich das Bienlein, der Heuschreck nahm ein Heuschreckenfräulein und der dicke Laubfrosch gar ein niedliches Mäusefräulein. Er tanzte aber schrecklich tolpatschig und trat ihr fortwährend auf den Schwanz, so daß sie ihn schließlich hochnehmen mußte.

Es war ein herrliches Tanzvergnügen, jeder fand

es, und der Mond, der eben am Himmel aufstieg, fand es auch.

„Wollen die Herren nicht auch mal ein Tänzchen wagen?“ fragte die Wasserratte die Stiefel. Aber die meinten, sie seien zu alt dazu, und außerdem auch zu leidend, denn sie waren beide mehrmals geflickt.

„Früher“ – sagten sie – „früher haben wir auch getanzt. Als wir noch jung und stramm und glänzend waren und nach Leder rochen. Aber das ist lange her.“

Und dann sahen die Stiefel dem Tanze zu und dachten dabei an die Zeit, da sie noch jung und stramm und glänzend waren und nach Leder rochen.

Sie waren glücklich in der Erinnerung, und so hatten auch die Stiefel ihre Freude an diesem Abend.

Ja, es war wirklich ein sehr vergnügter Abend. Aber auch der schönste Abend geht zu Ende.

Die Starin, die vor dem Tanze nach Hause geflogen war, um nach ihren Kindern zu sehen – das Starenpaar wohnte in einem Astloche in einem benachbarten Garten –, die kam nun wieder angeflogen, um zu sehen, wo ihr Herr Gemahl denn bleibe.

Und es war gut, daß sie kam, denn der Herr Star hatte wohl ein Gläschen zuviel getrunken, er tanzte immer von einem Bein aufs andere, sang und pfiff und blinzelte mit vergnügten Äuglein die Frau Starin an.

„Es ist eine Schande mit dir“, schalt sie, „den ganzen Tag hockst du im Wirtshause und trinkst, und abends findest du dann die Haustür nicht und spektakelst davor herum und weckst mir die Kinder auf. Schämen solltest du dich.“

Und dann nahm sie ihren Mann am Flügel und zog ihn mit sich fort.

„Ich werde ihnen heimleuchten“, sagte das gefällige Glühwürmchen und flog dem Starenpaar voraus. Noch von weitem konnte man den Gesang des fidelen Stars hören.

Und dann gingen auch die anderen Gäste, einer nach dem anderen. Die Glühwürmchen leuchteten, und der Mond leuchtete, und so konnten alle ganz gut ihren Weg nach Hause finden.

Das Wirtshaus zum Weidenbusch aber lag nun wieder ganz still und verlassen da, im Dunkel der Nacht. Ab und zu flog wohl mal eine Nachtschwalbe oder ein Nachtfalter darum herum und klopfte an die Tür – aber niemand öffnete diesen Nachtbummlern. Alles schlief.

Ja, alles schlief, tief und fest, und ruhte sich von der Arbeit des Tages aus.

Nun habe ich euch erzählt, wie es so einen Tag im Wirtshaus zum Weidenbusch zuging.

Aber so ging es nicht bloß diesen einen Tag – nein, so ging es alle Tage, den ganzen Sommer über, wenn auch nicht gerade jeden Tag so große Festlichkeiten waren.

Ja, so ging es den ganzen Sommer über. Freilich, die Gäste blieben nicht immer dieselben. Neue kamen, alte gingen.

Von den Stiefelbrüdern wurde der eine von einem kleinen Mädchen als Puppenwagen benutzt. Er wurde an eine Kordel befestigt und fortgezogen. In dem anderen richtete eine Maus sich ihre Wohnung ein.

So kam es, daß die Stiefelbrüder, die doch vom ersten Tage an immer zusammengewesen, die ganze, lange Lebensreise zusammen gemacht hatten, noch im Alter getrennt wurden.

Im Wirtshause zum Weidenbusch wurde dieses Ereignis besprochen. Einigen tat es leid; die anderen meinten, das sei nun mal so im Leben, und es sei nicht zu ändern. Und bald waren die Stiefel über anderen Gästen vergessen.

So verging der Sommer.

Die Wiese wurde gemäht, das Gras und die Blumen trockneten zu Heu, wurden gewendet, auf den Wagen geladen und fortgefahren. Auch über dieses Ereignis sprach man im Weidenbusch und beklagte den Tod von so manchen Wiesenbewohnern, die die Mähmaschine zerquetscht hatte.

So verging der Sommer, es wurde Herbst.

Auf dem Bache kamen jetzt viele gelbe und rote Blätter angeschwommen, die irgendwo von den Bäumen gefallen waren. Die Abende wurden kühl und neblig, man konnte bald nicht mehr im Freien sitzen.

Im Wirtshaus zum Weidenbusch wurde es leerer und stiller. Viele von den Vogelgästen reisten fort nach warmen Ländern. Aber bevor sie gingen, tranken sie noch eins zum Abschied und versprachen, im nächsten Jahre wiederzukommen.

Auch die übrigen Wiesenbewohner blieben fort; es war ihnen zu kalt geworden.

„Es wird Zeit, daß ich mein Wirtshaus schließe", sagte der Wirt zum Weidenbusch. „Wegen der paar Raben und Krähen, die im Winter kommen, kann ich es nicht offen lassen."

Und so zog er alle die grünen Blattfähnlein, die im Sommer so lustig geflattert hatten, ein. Der Herbstwind besorgte das Ausfegen, und dann kam der Schnee und deckte alles fein ordentlich mit schönen weißen Tüchern zu, damit es bis zum nächsten Jahre geschont bliebe.

Und dann kam der lange, kalte Winter.

Es war ein schrecklich langer Winter. Man konnte glauben, er wolle gar nicht wieder gehen, und die Wiese und der Bach und der Weidenbusch würden gar nicht wieder aufwachen. . . .

Aber endlich, endlich wachten sie doch wieder auf. Die Sonne, die liebe Sonne, und der Frühlingswind, die sorgten dafür. Der Frühlingswind, der rüttelte an der Tür des Wirtshauses, und der Storch, der auf der Wiese spazierenging, klopfte mit seinem langen roten Schnabel daran. „Holla, Herr Wirt! Aufgemacht! Der Frühling ist da!"

Da konnte der Wirt zum Weidenbusch nicht länger widerstehen. Hurtig richtete er alles wieder her, machte die Türen auf und steckte einen Kätzchenzweig hinaus, der sollte das Zeichen sein, daß nun wieder Honig bei ihm zu haben sei und daß das Wirtshaus zum Weidenbusch nun wieder bereit sei, seine Gäste zu empfangen.

Und die Gäste kamen – kamen alle wieder, wie im vorigen Jahre. Und alles wurde wieder so, wie es im vorigen Jahr gewesen war.

Und wenn ihr euch das Wirtshaus zum Weidenbusch einmal selbst ansehen wollt, und auch einmal dorthin zu Gaste gehen – so geht nur über die Wiese, an dem Bach entlang, da werdet ihr es schon von weitem stehen sehen.

Aber vergeßt nicht, schön von mir zu grüßen!

Prinzessin Birke

Neben dem Hause, gerade vor dem Küchenfenster, stand ein großer, schlanker Birkenbaum. Wenn man in der Küche war, so sah man in die ganze grüne Blätterherrlichkeit hinein, wie in einen Wald; und so kam es, daß diese Küche gar nicht so aussah wie andere Küchen, sondern ganz besonders schön und märchenhaft.

Die Köchin, die hier in der Küche ihres Amtes waltete, wußte das gar wohl, und sie hielt mit Eifer darauf, daß es in der Küche immer schön sauber und ordentlich aussah.

Und es war merkwürdig: auch die Teller und Töpfe, die Schüsseln und Krüge schienen es zu wissen. Denn alle – von der obersten kupfernen Kasserolle herab bis zum kleinsten irdenen Schüsselchen – ließen sich willig scheuern und reiben und putzen; keines tat einen Mucks, im Gegenteil:

sie wetteiferten miteinander, wer das blankste und schmuckste sei.

Und ebenso die Küchenmöbel.

„Was tut man nicht alles, um einer Prinzessin zu gefallen“, seufzte der hölzerne Küchentisch, wenn Bürste und Seife ihn bearbeitet hatten und er triefend vor Nässe dastand. Wenn dann aber die rote Decke wieder über ihn gebreitet lag, so war er so stolz wie einer und meinte, daß ganz sicher er es wäre, der der Prinzessin am besten gefiel.

„Papperlapapapp“, sang der graue Wasserkessel auf dem Herde, der sich nicht wenig darauf einbildete, daß er der einzige in der Küche war, der singen konnte. „Auf solche Äußerlichkeiten gibt die Prinzessin nichts. Meine schöne Stimme imponiert ihr gewiß viel mehr, wenn ich auch nur in einem unscheinbaren grauen Kleide stecke, wie meine Frau Kollegin, die Nachtigall. Nicht auf das Kleid kommt es an, sondern auf die Stimme und auf die Seele.“

Und der Wasserkessel dampfte und sang, um der Prinzessin Birke zu zeigen, was er für eine schöne Seele habe. –

Die Birke draußen vor dem Fenster sah und hörte sich alles mit an und lachte still in sich hinein.

„Wie mögen sie nur auf den Gedanken gekommen sein, ich sei eine Prinzessin?“ fragte sie sich.

„Ich bin doch nur eine ganz gewöhnliche Birke, wie tausend andere auch."

Das war nun freilich wahr. Und eigentlich hatte es den Töpfen und Schüsseln in der Küche auch niemals jemand gesagt, daß die Birke eine Prinzessin sei. Aber: weil der Stamm des Birkenbaumes nicht braun war, wie die meisten anderen Baumstämme, sondern ein weißes Kleid trug, und weil die Birke ein so feines Aussehen hatte und ihre Äste mit den zarten grünen Blättchen gar so anmutig und vornehm zu bewegen wußte, so war eben die Sage von der Prinzessin entstanden.

Die Birke hatte es schon oft mit angehört, wie sie in der Küche darüber redeten. Weil sie aber sah, wie gut der Glaube, daß sie eine Prinzessin sei, in mancher Beziehung auf die Küchenbewohner wirkte: wie er sie zu Ordnung und Sauberkeit und Höflichkeit anspornte, und wie selbst so rauhe Gesellen wie das Reibeisen, das Hackmesser und der Fleischklopfer sich Sanftmut und guter Manieren befleißigten – nun, so ließ sie halt die Küchengesellschaft bei diesem Glauben. Und damit hatte sie ganz recht. . . .

Nun brachte die Köchin da eines Tages ein funkelnagelneues irdenes kleines Milchtöpfchen mit nach Hause. Dem Milchtöpfchen sah man es gleich an, daß es keins von den Dümmsten war! Es trug sein glänzendes gelbes Röcklein mit den braunen

Tüpfchen so sicher und stolz, es reckte sein Schnutchen so keck in die Luft und hatte ein ganz auffallend großes Henkelohr. Sicher konnte es damit eine ganze Menge mehr hören als andere.

Das Milchtöpfchen sah sich bei seiner Ankunft in der Küche gleich gehörig um, lobte den schönen Blick ins Grüne und erfuhr nun dabei gleich, daß sich ihm hier die Aussicht auf eine Prinzessin böte.

„Woher wißt ihr das?“ fragte es sofort.

„Na – na – na, das wissen wir halt!“ riefen die Teller und Töpfe.

„Ich sehe aber gar keine goldene Krone“, sagte das Milchtöpfchen.

„Dafür aber desto mehr goldenes Geschmeide“, wurde ihm als Antwort zuteil. Man meinte damit die goldenen Blütenkätzchen, die überall von den Zweigen der Birke herabhingen.

„Und ich sehe auch gar keinen Schleier“, beharrte das Milchtöpfchen. „Prinzessinnen haben, soviel ich gehört habe, immer einen Schleier.“

„Papperlapapapp!“ machte der Wasserkessel. „Übrigens: Prinzessin Birke hat auch einen. Sie hat ihn jetzt nur abgenommen, Könnt ihr euch nicht besinnen, was sie im Frühjahr, als die Stürme bliesen, für einen wundervollen, feinen grünen Schleier trug?“

„Natürlich! Natürlich!“ riefen Schüsseln und

Töpfe und Pfannen zugleich. Und die Küchenlampe rief von ihrer Höhe herab: „Laßt nur den kleinen Ungläubigen; er wird schon noch an die Prinzessin glauben lernen."

„Sonst werde ich ihm das Leben hier gründlich versalzen", fügte das Salzfaß hinzu. Aber das milder denkende Mehlfaß daneben meinte gleich: „Ach – nicht doch!"

Das Milchkännchen tat, als habe es das alles nicht gehört.

„Wenn die Birke wirklich eine Prinzessin ist", sagte es mehr zu sich als zu den anderen – „so muß sie oder ihr Vater auch ein Reich haben. Wenn sie aber ein Reich hat – nun gut, so soll sie uns einmal davon erzählen."

„Erzählen?" rief der Scheuerlappen ganz entsetzt. Und auch die anderen riefen gleich: „Wo denkst du hin? Wer soll sie danach fragen?"

„Ich", sagte das Milchtöpfchen ruhig.

Und es wartete von nun ab nur noch auf eine passende Gelegenheit, um in die Nähe der Prinzessin zu kommen.

Die Gelegenheit kam schon am andern Nachmittag. Das Milchtöpfchen wurde mit heißer Milch gefüllt und zum Verkühlen vor das Fenster gestellt.

„Liebe Prinzessin Birke", begann es denn auch schlankweg – „wenn Sie eine Prinzessin sind, so haben Sie doch auch gewiß ein Reich. Möchten Sie uns nicht einmal davon erzählen? Wir bitten recht schön darum."

Den Schüsseln und Töpfen in der Küche stockte eine Sekunde lang der Herzschlag vor Schreck und Erwartung, und auch dem kleinen Milchtöpfchen war es in diesem Augenblick doch nicht so ganz ohne! Wer beschreibt aber aller Erstaunen, als Prinzessin Birke sich zu dem kleinen Milchtöpfchen herabneigte, es mit ihren grünen Blätterzweigen liebkosend streichelte und freundlich sagte: „Sehr gerne."

Und ohne der Gesellschaft weiter Zeit zum Staunen zu lassen begann sie:

„Mein Reich ist sehr, sehr groß. Geht man links um die Erde herum, so reicht es bis nach Amerika; und geht man rechts, so reicht es bis zum Lande Asien, und geht man geradeaus und nordwärts, so reicht es bis dorthin, wo es schrecklich kalt ist und wo der Eisbär und der Seehund wohnen.

Ich darf wohl stolz sein auf mein Reich, denn es ist erstaunlich, was für brauchbare Leute meine Untertanen – die Birkenbäume alle – sind.

Da sind vor allen Dingen mal die Möbellieferanten. Schade, daß ihr nicht spazierengehen könnt – in vielen Gärten könntet ihr die weißen Birkenmöbel, die aus unserm Reiche kommen, stehen sehen. Bänke zum Ausruhen, Tische zum Kaffeetrinken, zierliche Gartenläubchen, Geländer und Brücken.

Man kennt sie sofort von den anderen Möbeln heraus – weiß, hell und freundlich schimmern sie aus dem Grün des Gartens hervor. Ja, ja. –

Und dann sind da noch andere Holzlieferanten. Die, die in Amerika und sonstwo Holz zum Kähnebauen liefern. Ich sage euch: die Birkenkanus sind weit berühmt, so dauerhaft und leicht und gut sind sie.

Holzhändler – ja, die gibt es überhaupt genug in meinem Reiche. Hoch oben im Norden, bei den Eisbären, da braucht man sogar unser Holz zum Hüttenbauen."

„Für die Eisbären?" fragte eines aus der Küche.

„I nein! Die Eisbären brauchen keine Hütten – die wohnen ja im Eismeer. Aber da oben wohnen doch auch Menschen. Eskimos heißen sie.

Die Eskimos – die decken ihre Dächer oft mit grünem Rasen zu. Weil das so schön warm hält, ja – und wohl auch, weil sie nicht viel anderes haben. Aber der Grasrasen allein wäre nicht fest genug, und darum bauen sie sich erst ein festes Dach aus Birkenholz darunter. Verstanden?"

„Ja", sagte das Milchtöpfchen, das ganz entzückt war, so viel Neues zu hören. „Ach – liebe Prinzessin, erzählen Sie doch weiter."

„Hm", machte die Birke.

„In meinem großen Reiche gibt es, wie in jedem Reiche, viel verschiedene Stämme. Da oben im

Norden, bei den Eskimos – da gibt es einen ganz, ganz kleinen Birkenstamm. So klein, wie Zwerge sind, und deshalb nannten wir den Stamm: Zwergbirke. Wie nun aber die wirklichen Zwerglein gar tüchtige und brauchbare Leutchen sein sollen, so auch die unsrigen. Ich sage: was die mit ihren Wurzeln für feine Fäden und Fasern herzustellen verstehen! Aus denen weben sich die Eskimos dann schöne Decken.

Ja; und auch Kleider und Schuhe werden da oben aus Birkenfasern gemacht. Und Gefäße zum Essen und Trinken aus Birkenholz.

Aber auch nicht für die Eisbären – nein!

Übrigens – weil ich nun gerade mal vom Trinken sprach: denkt nur nicht, daß es bei uns im Birkenreiche nichts zu trinken gäbe! Feiner Wein wird da gemacht. Birkenwein! Jawohl. Unsere Leute liefern das Wasser – das heißt, ich meine den Saft dazu. Hmmm – hätt' ich doch mal gleich so'n Gläschen Birkenwein jetzt hier!"

„Ach – darf ich vielleicht gleich fortspringen, Ihnen eins zu holen, gnädigste Prinzessin?" fragte eifrig der Küchentisch. Er dachte in dem Moment wahrhaftig nicht daran, daß er trotz seiner vier Beine ja gar nicht alleine laufen konnte.

Aber die Prinzessin wehrte auch schon lächelnd: „Danke! Danke!"

„Nun muß ich mich aber sputen mit meiner Erzählung", fuhr sie fort, „sonst wird sie gar zu lang. Also: wer ist da sonst wohl noch in unserm Reiche, der euch interessieren könnte? Ach ja – die Besenbinder. Richtig! Besen, ganz aus Birkenreisern, werden da gemacht, denkt euch. Und dann die Ruten. Ruten – wißt ihr nicht, was das ist? Na – um so besser. Wie soll ich's aber euch erklären? Es ist – es ist – – na, sagen wir mal: es ist so eine Art von Zauberstab, die aus unartigen Kindern plötzlich wieder artige macht.

Und dann – oh! Dann: der Zucker. Zuckerlieferanten gibt's ja auch in unserm Reiche. Und Tee- und Papierlieferanten. Ach – und wer weiß was noch! Der eine handelt mit Fasern, der andre mit Rinde, der dritte mit seinen Blättern; ja. Aber wie das alles gemacht wird – Zucker und Tee und Papier – ja, das weiß ich wirklich nicht so genau, da müßt ihr schon mal jemand anders fragen."

In diesem Augenblick kam die Köchin in die Küche und brachte ein Bündel Holz mit, das sie unten in den Herd zum Trocknen legte.

„Wahrhaftig", rief die Birke – „das hätt' ich beinah ganz vergessen: Holzhandel – Brennholz mein' ich – wird ja auch bei uns getrieben, viel. Das Birkenholz brennt gut! Stark, hell und lustig."

„Gibt es auch viele Feinde in Ihrem Reiche?" fragte das Küchenbeil, das neben dem Herde lehnte und etwas kriegerisch gesinnt war.

„Sehr wenig“, sagte die Prinzessin. „Der eine allerdings ist schlimm genug. Kommt heimlich angeschlichen und plündert dann, zerstört und frißt so einem armen Birkenbaum sein bißchen Hab und Gut – die Blätter mein' ich – ratzekahl auf.

Schändlich, nicht? Es ist einer aus dem Stamm der Raupen.

Sonst aber – Gott sei Dank – ist unser Birkenreich verschont von Feinden.

Ich darf schon stolz sein auf mein Reich, o ja! Wenig Feinde, aber Freunde desto mehr.“

Wie um zu zeigen, daß dies wahr sei, kam von der einen Seite her ein Maikäfer – von der anderen Seite ein Maikäferfräulein auf den Birkenbaum zugeflogen. Wahrscheinlich hatten sie sich hier ein Stelldichein gegeben, um über wichtige Dinge zu reden. Die Birke ließ sie deshalb gern auch ungestört und wandte sich nach der Küche hin.

„Ach ja – nun haben wir wieder Mai“, sagte sie. „Und morgen – morgen ist Pfingsten.“

„Ach – deshalb hab' ich mich heut so lange mit dem Kuchenteig herumschlagen müssen“, meinte der hölzerne Löffel, der in der Spülschüssel zum Weichen lag. „Also der Pfingstkuchen war das!“

Die Prinzessin hörte nicht darauf. „Morgen ist Pfingsten“, sagte sie noch einmal.

„Sie sagen das ja so traurig, liebe Prinzessin?“ meinte das Milchtöpfchen.

„Traurig nicht, nein. Aber weißt du: Pfingsten – Pfingsten ist nämlich in meinem Reiche der allergrößte, allerschönste Festtag. Darüber dacht' ich eben nach."

„O erzählen Sie uns schnell noch etwas davon. Bitte – es geht ja ganz fix!" sagte das Milchtöpfchen.

„Ach" – meinte die Prinzessin – „weißt du: hier in der Stadt, da merkt man ja nicht allzuviel davon. Ihr müßtet jetzt mal draußen auf dem Lande sein! Da holen sie sich ganze Birkenbäumchen und pflanzen sie vors Haus. Und vor dem Kirchlein stehen welche; und in der Kirche, und auch in den Häusern drinnen ist alles fein mit Birkenlaub geschmückt. Und früher – früher war es noch ganz anders! Da wurde gar ein Birkenbaum zur Hauptperson gemacht. Wurde mit Bändern und buntem Papier geschmückt, und alle Leute tanzten um ihn herum."

„Warum war denn das gerade ein Birkenbaum?" fragte das Milchtöpfchen. Es mußte eben alles wissen.

„Warum? Ei – sieh: das Pfingstfest ist doch eigentlich ein Frühlingsfest. Die Menschen freuen sich, daß es wieder Frühling ist und draußen alles grün und schön in Blüte. Und siehst du: so ein Birkenbaum mit seiner weißen Rinde, mit seinen hellen, zarten, frischen grünen Blättchen, der sieht dem Frühling doch am meisten ähnlich, der ist gerade wie ein Bild vom Frühling. Und deshalb nehmen ihn die Leute zum Schmuck für das Frühlings-, das Pfingstfest."

„Ja – das ist richtig", meinte das Milchtöpfchen, und die anderen meinten es auch. Denn sie sahen es ja an der Prinzessin Birke selbst – an ihrer frischen, lichten Schönheit – wie ähnlich sie dem Frühling war. Und das kleine kecke Milchtöpfchen – dem war es jetzt ein bißchen leid, daß es nicht an die Prinzessin hatte glauben wollen; denn daß sie ein Reich hatte, war ja nun klar.

„Ob sie es weiß?" dachte es. „Ich will es ihr nur gleich lieber selber sagen." Und es bat die Prinzessin, sich zu ihm herabzuneigen, es habe ihr ganz leis etwas zu sagen.

Und was tat die Prinzessin? Sie sagte: sie wisse es schon, was es zu beichten habe. Und sie wollten es mal lieber umgekehrt machen: sie wolle ihm etwas ins Ohr sagen. Und dabei streichelte sie das kleine Töpflein abermals mit ihren grünen Zweigen und beugte sich tief zu seinem Henkelohr herab.

Na . . . und?

Ihr möchtet wissen, was sie sagte?

Ja – das hat das kleine gelbe Milchtöpfchen niemals verraten. Solange es lebte, nicht. –

Frau Nähmaschine

Die fleißigste in der ganzen Stube war Frau Nähmaschine.

Surrrr – surrrr – – ging das den ganzen Tag. Es klang, als ob ein Schwarm Bienen im Zimmer wäre. Aber Frau Nähmaschine war auch wirklich so fleißig wie eine Biene.

„Hopp – nun alle Mann an die Arbeit", sagte sie, wenn des Morgens die Näherin sich vor sie gesetzt hatte. Und da fing das große Rad an sich zu drehen, surrrr – surrrr – die weiße Garnrolle oben drehte sich lustig wie ein Karussell, pik pik pik machte die Nadel und holte sich jedesmal von unten noch einen Faden zu Hilfe herauf – und nun ging es: Stich Stich Stich – Stich Stich Stich – eine ganze lange Stichstraße das Hemdchen herunter.

„Wieviel solcher Stiche haben Sie eigentlich in Ihrem Leben schon gemacht – liebe Frau Nähmaschine?" fragte der Kalender, der an der Wand hing.

„Ho ...", machte die Nähmaschine, „wenn man die alle nebeneinanderlegen wollte – das gäbe eine Straße ... vielleicht ... na: vielleicht bis an den Himmel hinauf."

„Bis – an – den Himmel hinauf!" riefen das Bett, der Waschtisch, der Schrank und die Wände in der Stube, und sie konnten sich eine Weile gar nicht erholen von ihrem Erstaunen.

Die Nähmaschine aber kümmerte sich weiter gar nicht darum. Surrr – surrrr – sie wußte, das Hemdchen sollte heute noch fertig werden und noch ein Höschen und ein Rock und eine Schürze dazu.

„Ich möchte mich nicht immer so abplagen und den ganzen Tag rattern und schnurren", sagte die Kommode, die auch in der Stube stand. Sie war von jeher ein bißchen schwerfällig gewesen.

„Ha – aber recht fein genähte Wäsche in Ihren Schubladen haben – das möchten Sie, nicht wahr?" lachte der Spiegel, der gern den Leuten die Wahrheit sagte. Und er sah schnell auch mal zum Kleiderschrank hinüber, der mit seinen schönen Kleidern manchmal ein klein wenig protzig dastand. –

Inzwischen war ein Sonnenstrahl an das Fenster gekommen. „Guten Tag – guten Tag, liebe Frau Nähmaschine. Nun – schon wieder so fleißig bei der Arbeit?"

„Muß ich wohl“, surrte die Nähmaschine. „Bedenken Sie, was es auf der Welt alles zu nähen gibt! Was machen sie – alle meine Hemdchen und Höschen, die Kleider, die Küchen- und Tischtücher?“

„Von den Hemdchen und Höschen sehe ich wenig“, sagte der Sonnenstrahl ein bißchen verschämt. „Aber die Kleider – nun, die halten die Kinder warm. Und das blauseidene, das Sie neulich für die Mutter nähten – ui! Wie fein sah sie doch darin aus, als sie zur Hochzeit ging! –

Ja – Sie haben in Ihrem Leben doch schon recht viel Nützliches geleistet, liebe Frau Nähmaschine.“

„Das hat sie“, stimmten die Handtücher am Waschtisch bei.

Die Nähmaschine antwortete nichts. Sie hatte wieder einmal keine Zeit. Sie mußte achtgeben, denn eben ging eine Stichstraße um die Ecke herum.

Aber die Nadel – die blanke Stahlnadel ... die blitzte im Sonnenlicht auf. Funkelnd – als sei sie selber ein Stück Sonnenlicht. Leuchtend, als wollte sie zeigen, wie die Frau Nähmaschine in ihrem tiefsten Innern sich doch freute.

„Auch Frau Nähmaschine hat eine Seele“, sagte der Sonnenstrahl. Und die Blumenstöcke vorm Fenster nickten verständnisvoll. ...

Nun war es Nachmittag geworden. Eben lag das

Schürzchen unter der Nadel zum Nähen. Hei – wie sah es lustig aus mit seinem bunten Blumenmuster! Die Blumenstöcke am Fenster drehten immerfort ihre Köpfe herum, um es besser sehen zu können.

Die Nähmaschine aber sagte zu ihren Helferinnen, dem Rade, der Garnrolle und dem kleinen Spulchen, das innen in einem Extrastübchen wohnte und von da aus immer seinen Faden heraufschickte: „Gebt acht, daß Ihr nicht vor lauter Vergnügungen fitz, fatz macht."

„Da! Da!" schrie das Zentimetermaß vom Fensterknopf her. „Hab ich's nicht gesagt? Ach du lieber Gott – ach du lieber Gott ... nun ist das Unglück schon da!" Das Zentimetermaß war immer ein bißchen sehr genau und konnte Unordnung nun einmal nicht leiden.

In Wirklichkeit war die Sache nicht so schlimm. Das Spulchen, das noch so klein und halt das Jüngste war, hatte auch mal das bunte Blumenschürzchen sehn wollen. Und weil es da unten eingesperrt war und das nicht konnte, so hatte es halt vor lauter Eifer und Ungeduld Gebruddel gemacht. Die Nähfrau brachte die Sache bald wieder in Ordnung. Aber das Zentimetermaß sagte: „Ja – da sieht man's: wenn so viele an einem Werk schaffen und einer tut seine Arbeit nicht – so geht gleich die ganze Sache schief."

Es hat ganz recht! –

Das Schürzchen war aber sehr stolz, weil es so viel bewundert worden war.

„Nun bilde Dir auf Deine Schönheit nur nichts ein“, sagte Frau Nähmaschine, als es fertig war. „Bedecke lieber das Kleid, über das Du gebunden wirst, recht schön und gib acht, daß keine Flecken darauf kommen. Das ist gescheiter.“

Etwas Ähnliches sagte sie auch zu dem kleinen roten Röckchen, das nachher an die Reihe kam. „Halte das Kindchen nur recht schön warm“, sagte sie. „Kleine Kinder brauchen viel Wärme, und Warmmachen ist Deine Arbeit im Leben.“ So gab Frau Nähmaschine jedem Stück, das sie genäht hatte, einen guten Spruch mit auf den Weg. Dazu fand sie trotz ihrer Arbeit doch noch Zeit, und daran sieht man, daß sie wirklich eine Seele hatte ...

Ja – am Tage hatte die gute, fleißige Frau wirklich wenig Zeit zum Nachdenken. Aber am Abend – am Feierabend! Da dachte sie noch einmal über alles nach, was der Sonnenstrahl ihr erzählt hatte, und es war, als besähe sie sich ein buntes Bilderbuch.

„Darf ich ein bißchen mit hineingucken in Ihr Bilderbuch?“ fragte jemand ganz leise. Es war der Mond, der mit seinem freundlich lächelnden Gesicht am Himmel stand. Er besähe sich so gerne Bilderbücher, sagte er.

„Und ich soll auch schön grüßen von einem

Nachtkittelchen. Rosarot mit roten Blümchen drauf – es stand am Fenster und warf mir eine Kußhand zu."

„Danke, danke!" sagte Frau Nähmaschine erfreut. „Und was machen alle die Bettücher und Kopfkissen? Die müssen Sie doch auch kennen?"

„Und ob ich die kenne!" sagte der Mond. „Aber die haben nicht viel Zeit zum Grüßen, wissen Sie. Denn ihre Arbeit fängt ja am Abend erst an. Heia – wie die Menschen sich so behaglich und froh in die hineinkuscheln. Es gibt doch auf der Welt nichts Schöneres als mein Bett, sagen sie."

Frau Nähmaschine lächelte leise. Ihr wurde im stillen Schein des Mondlichts immer ganz träumerisch zumute.

„Möchten die Menschen nur auch recht süße Träume haben", wünschte sie.

„Aber sagen Sie", fragte sie plötzlich, „was wird denn eigentlich aus den vielen, vielen Lappen und Flickchen, die täglich hier auf den Boden fallen?" –

Der Mond machte ein verschmitztes Gesicht. „Ei – Sie schlafen wohl recht fest, daß Sie das nicht merken?" meinte er. „Den grauen Tuchlappen, der gestern übrigblieb, holte sich heimlich in der Nacht ein Mausevater und meinte, das gäbe noch einen prächtigen, warmen Schlafrock für ihn. Im Blauseidenen will Frau Mäusin auf dem nächsten Mäuseball tanzen. Und was das graue Mause-Ehepaar sonst noch in dem billigen Kaufladen beschnupperte, sich aussuchte und mitnahm, das sollte zu Schürzen und Kittelchen, zu Wickelbettchen und Windeln für die lieben Kinder verwendet werden."

„Ach – nun erzählen Sie wieder Märchen!" klagte Frau Nähmaschine. „Und ich hätte doch so gerne gewußt, was mit den Läppchen geschieht."

Der Mond lachte, daß sein Gesicht nur so glänzte. „Nun also – dann will ich's Ihnen sagen: Zuerst tanzt die Lumpengesellschaft einen flotten Kehraus."

„Das ist wahr", sagte die Nähmaschine, denn sie hatte es schon oft gesehen, wie der Besen all die Lappen und Flickchen zur Stubentür hinauskehrte.

„Dann" – erzählte der Mond weiter – „holt sie der Knochen- und Lumpenmann, den Sie oft da unten auf der Straße rufen hören. Und dann: ja – dann wird aus den Lappen ... Papier gemacht! Und auf das Papier wird die Geschichte von der Frau Nähmaschine gedruckt."

„Jetzt machen Sie aber, daß Sie weiterkommen", sagte Frau Nähmaschine; sie war nun wirklich etwas ärgerlich. Sie meinte, der Mond wolle wieder seinen Spaß mit ihr treiben.

Aber diesmal war es kein Märchen, was der Mond erzählte. Diesmal war es Wahrheit.

In der Malerstube

Der Maler, dem die Stube gehörte, hatte heute Geburtstag. Er saß irgendwo mit seinen Freunden vergnügt beim Abendessen und wäre sicher sehr erstaunt gewesen, wenn er gewußt hätte, was zu Hause in seiner schönen Stube inzwischen vorging.

Die Stube war ganz voll von Bildern. Durch die Fenster guckten der Mond und viele Sterne herein.

„Gagagagaak" – machte es da plötzlich, und von der Wand – aus ihrem Rahmen – sprang eine Gans. „Gagagagaak" – eine weißfedrige, pludrige Gans. Sie schlug mit den Flügeln, schüttelte sich, reckte den Hals und watschelte suchend in der Stube umher. „Gagagagaak – gibt's denn hier nichts zu fressen? Und sind keine anderen Gänse da?" Sie schüttelte den Kopf und zupfte an des Malers weißem Malkittel herum. Dann eilte sie zum Spucknapf und legte ein Ei hinein.

„Ein Ei!" rief der Spucknapf erstaunt. „Da wird der Maler sich aber freuen!" Ehe die andern Sachen in der Stube über ihr Erstaunen aber mitreden konnten, kam von der anderen Wand schon ein schwarzer Pudel gesprungen. „Wau wau – hu hu hu hu . . . "

Der Pudel sprang gleich über Tisch und Stühle hin, sein Schwanz wedelte hin und her, er machte Männchen, stellte sich dann auf die Vorderpfoten und – „Uwauuuu" . . . jaulte er auf einmal und stürzte auf ein Schränkchen los, auf dem ein Stück Käse und eine lange Zervelatwurst lagen. Beides verschlang er gierig. „Friß mich nur nicht mit", sagte der Teller, „aber ihr Zirkushunde seid ja immer so hungrig, und mager siehst du auch aus!"

Der Pudel machte wieder sein trauriges Gesicht, das er auf dem Bilde schon immer gemacht hat. Da stand auch schon ein braungebrannter, dicker Junge mit rotem Wams und blauer Schürze vor ihm. Es war ein Fischerjunge von der Ostsee. „Da hest du wat to fräten", sagte er und reichte ihm sein Käsebrot, das er in der Hand hielt. „Ick bün all dicke satt." –

„Iitsch" . . . quiekte es vom Sofa her. „Was ist denn das? Ich bin ja auf einmal ganz naß!"

Der Fischerjunge guckte ruhig nach dem Sofa hin. „Oa – dat hett nix to seggen – dat is man so 'n lütten Spritzer von da oben", meinte er.

Und nun sahen alle, daß das Seebild, das über dem Sofa hing, plötzlich auch lebendig geworden war. Die Wellen schaukelten und spritzten, und das Segelschiff, das darauf gemalt war, schaukelte mit.

„Mir wird schwindlig – mir wird ganz übel!" sagte der grünseidne, verblaßte Seidenschal, der dem Sofa gegenüber auf einem Tischchen lag. „O Gott – das Meer wird doch nicht austreten?"

Das wäre eine schöne Geschichte!" riefen Tische, Stühle und Kommode, und sie versuchten schon, ihre Beine hochzuheben, um nicht in die Wasserflut hineinzukommen.

Das Meer war aber schon von selbst vernünftig genug, um einzusehen, daß es viel zu groß für diese Stube war, und es hatte auch gar keine Lust dazu.

Das Sofa bekam aber noch einmal Besuch. Eine alte Frau, mit einem Reisigbündel auf dem Rücken, humpelte aus irgendeiner Ecke daher, nahm das Bündel herunter, rückte sich ihr rotes Kopftuch zurecht, schnäuzte sich kräftig die Nase und setzte sich seufzend auf das Sofa.

„Gott sei Dank! Doch einmal Ruhe", sagte sie. „So drei Jahre lang immerfort das schwere Bündel schleppen müssen – das ist hart!"

Das Reisigbündel knackte leise und sah nach den gemalten Blumen an der Wand hin, die in ihrem graublauen Steinkrug gar lieblich dufteten.

Dann kam aus der Schrankecke Glockengeläute.

Wunderschön – wie ganz von ferne – hörte man die Glockenstimme eines Dorfkirchleins. „Bim – bam – bim – bam“ ...

Die Kommode hatte schon längst ein ängstliches Gesicht gemacht. Sie war die Älteste in der Stube und konnte sich die Sache mit den lebenden Bildern am wenigsten erklären.

„Es ist unheimlich – es geht nicht mit rechten Dingen zu!“ sagte sie. „Nein – es ist wirklich der reine Spuk! Wenn doch nur der Maler wiederkäme und Ordnung schaffte.“

Da lachte aber des Malers Hut; der hing an der Tür an einem Nagel. Und die roten und grünen und gelben und blauen Farben im Farbenkasten, die Pinsel, der buntbekleckste Mallappen und alles, was sonst noch dem Maler geholfen hatte, seine Bilder zu malen, lachte mit. „Das ist doch nicht unheimlich!“ sagte ein Pinsel. „Wir müssen es doch wissen. – Hast du nicht oft die Menschen, die hier zu dem Maler in die Stube kamen, sagen hören: „Es ist, als ob die Bilder lebten und aus ihren Rahmen heraustreten wollten?“ – „Ja, freilich!“ sagten die Farben und der buntbekleckste Mallappen.

„Ach – was so ein Einfaltspinsel spricht. Und der Mallappen – er stammt von einem alten Hemd ab“, meinte die Kommode, noch immer bedenklich.

Da hörte man aber ein ganz, ganz feines Lachen

von einer der Wände her. Und die schöne Frau im dunklen Sammetkleide, mit der Perlenschnur um den Hals, schlug ihre Augen auf, hob den Arm und deutete mit dem Zeigefinger zum Fenster hinaus.

„Haben die Herrschaften nicht gesehen, wie eben da droben vom Himmel eine goldene Sternschnuppe fiel? – Solch eine Sternschnuppe fiel auch heute vor fünfzig Jahren, als der Maler auf die Welt kam. Sie fiel gerade in seine Wiege hinein! Es ist Licht, goldenes Himmelslicht. Der liebe Gott selbst hat es dem Maler zum Geschenk gemacht, und deshalb kann er solche wundersame Bilder malen."

„Bummmm ..." Die Uhr in dem großen Kasten an der Wand schlug mit ihrer tiefen, schönen Stimme „Eins".

Ein Rascheln und Knittern wie von steifer Leinwand – und alles war wieder still und stumm.

Der Mond blinzelte und spähte nach der bunten Gesellschaft und konnte sie nicht wiederfinden.

Und er wischte sich mit einem Wolkentüchlein übers Gesicht, schüttelte den Kopf und brummte: „Merkwürdig ..., zu merkwürdig!" ...

Die Maikäfer

„Endlich! Endlich!" sagte jemand, der eben an einem wundervollen Maiabend zwischen Erdbeerblüten und grünen Grashalmen aus der Erde hervorgekrochen war, den Kopf voran – die Beine hinterher. –

„Das mach mir mal einer nach! Sssumm – mir brummt noch der Kopf. Diese lange Reise durch die dunkle Erde. Dieses Schaufeln und Krabbeln, bis man glücklich oben ist. Phh . . ."

„Guten Abend, Herr Maikäfer; darf ich Ihnen vielleicht mein Taschentuch leihen? Mein Name ist Mailüfterl. Prinz Mai schickt mich, seinen Oberbrummbaß-Meister hier auf der Erde zu begrüßen und ihn nach seinen Wünschen zu fragen."

„Fressen! Fressen!" sagte der Maikäfer. Er hatte eine tiefe Stimme. „Wo ist das beste Wirtshaus?"

Das Mailüfterl lächelte. Es wußte schon Bescheid

mit dem Maikäfervolk. „Ich werde Sie in eines führen, das nach Ihrem Geschmack ist“, sagte es. „Kommen Sie.“

„Ein Glück, daß Ihre Brummbaßgeige bei der schwierigen Reise nicht Not gelitten hat“, meinte das Mailüfterl.

„Sssumm“, machte der Maikäfer, wie toll vor Freude. Und wo ist denn der große Konzertsaal?“

„Dort im Walde“, sage das Lüftchen. Aber ehe der Maikäfer weiter fragen konnte, waren sie schon bei einem großen, grünen Baume angelangt.

„Sssumm“, machte der Maikäfer, wie toll vor Vergnügen, denn er sah und fühlte und roch, daß sie bei dem ersehnten Wirtshaus angelangt waren. „Sssumm – wundervoll, wundervoll – ssumm!“

Er fragte nicht erst lange nach der Speisekarte, sondern stürzte sich gleich auf die grünen Buchenblätter. „Mm! Laubgemüse – Laubgemüse! Mein Leibgericht!“

Das Mailüfterl sah, daß mit dem braunen Freßsack nichts mehr anzufangen sei, und es empfahl sich . . .

In demselben Wirtshaus aber, in dem der Maikäfer zu Abend speiste, speiste noch jemand . . .

„Sssumm –“

„Was ist denn das?“ dachte der Maikäfer und machte große Augen. Er flog durch alle Zimmer und Vorplätze und schnupperte und schnüffelte und suchte. Auf einmal stand er vor einem Maikäferfräulein. „Ah“, – dachte der Maikäfer – „Das trifft sich ja fein! So hab ich gleich liebe Gesellschaft.“ Und er fragte das Fräulein schlankweg, ob sie nicht Mann und Frau sein und den wonnigen Frühlingsabend zusammen genießen wollten.

„Gern! Gern!“ sagte das Fräulein, „machen wir uns nur gleich hinter das Hochzeitsmahl!“ Und sie fraßen noch einmal tüchtig Laubgemüse und spielten sich selbst den Brummbaß-Hochzeitsmarsch; und dann setzten sie sich gemütlich auf eine der Blatt-Veranden.

„Fächle mich ein wenig“, sagte sie, „mir ist so heiß. Wozu hast du deine Fächer mitgebracht? Doch nur, um mich zu fächeln!“

„Mein Suschen“, brummte er leise und zärtlich, „du wirst eine liebe Frau sein.“

„Brummtopf!“ schmeichelte sie. –

„Oh, du mein liebes, liebes Dickerchen!“ –

So liebkosten sie sich noch ein Weilchen und schliefen dann süß und selig nebeneinander ein.

Am andern Morgen strahlte die Sonne vom Himmel herab. Der Maikäfer erwachte und riß die Augen weit auf. „Nanu – wo ist denn meine Frau? Sie wird mir doch nicht schon am ersten Tage davongegangen sein?“

Wahrhaftig – Suschen war davongeflogen. Und Brummtopf krabbelte rastlos umher. –

„Kikeriki! Kikeriki!“ erscholl es plötzlich vom nächsten Hühnerhofe –

„Ihre liebe Frau ist hie! Köstlich – diese Dicken, Feisten! Wollen Sie ihr nicht Gesellschaft leisten?“ –

Da packte den Maikäfer ein eiskalter Schreck, und er schwirrte taumelnd davon. „Summ, summ, summ, summ, sssumm –“ stöhnte er und flog so weit, daß er von dem schrecklichen Kikeriki nichts mehr hörte . . .

Ach – es war doch ein wundervoller Maientag. Goldener Sonnenschein und blauer Himmel, Wiesen und Gärten voll Blumen und überall das saftige, frische, junge Grüngemüse! Das war der rechte Trost in solchem Kummer; der verscheuchte die trüben Gedanken, und bald machte der verlassene Ehemann einen Morgenbummel durch die Frühlingsherrlichkeit; stimmte seine große Brummbaßgeige, traf einige Gefährten, auch Mücken und Bienen, und hörte unten auf der Landstraße jemand fragen:

„Na – hängt uns nun der Himmel nicht voller Geigen?“

Da kam – frisch und keck – das Mailüfterl dahergetanzt.

„Auf, auf – meine Herren! Es ist Zeit, an die Arbeit zu gehen. Kommen Sie – fliegen wir zum Konzertsaal!“ –

Der Konzertsaal war die große, grüne Waldeshalle. Dem Maikäfer wurde ganz feierlich zumute, als er ihn zum erstenmal betrat. So still war es hier. Golden flimmerte und funkelte es durch die grünen Wände, mit Maiblumen war der ganze Saal geschmückt, und viele Geiger und Brummbaßmusikanten waren hier versammelt.

Rasch wurden die Maikäfer erst dem Herrn „Waldmeister“ vorgestellt. Das war ein kleines, grünes Männchen; man konnte sich gar nicht denken, daß es den ganzen Wald beherrschen sollte. Aber da sieht man wieder einmal, daß es auf die Größe gar nicht ankommt. Der Waldmeister hatte einen wundervollen Wohlgeruch. Man sagte, daß er die Menschen damit behexen könne.

„Nun mal tüchtig drauflosgebrummt“, sagte der Waldmeister, „damit die Kinder ihre Freude an euch haben. Zum Brummbaßgeigen seid ihr doch auf die Welt gekommen. Sonst seid ihr ja zu nichts zu gebrauchen. Große Leute schimpfen über euch, weil ihr solche fürchterliche Freßsäcke seid. Also sorgt wenigstens dafür, daß die Kinder euch liebhaben! Zu etwas muß man nütze sein auf dieser Welt!“

Das nahmen die Maikäfer sich zu Herzen.

Sum-sum-sum – brum

Sum-sum-sum – brum-brum-brum – sum-brum-sum-sum – brum-brum-sum – musizierten sie nun den ganzen Tag durch den Wald.

Natürlich: tüchtig satt essen mußten sie sich dazwischen auch immer wieder.

Denn solch ein dicker Musikus
Sein Bäuchlein öfters füllen muß.

Aber die Kinder – oh – – die Kinder! Das hättet ihr mal sehen sollen, was die für ein Vergnügen an den Maikäfern hatten. Der Fritz und die Liese im bunten Dirndlkleid, der Jakob und der Peter und die Grete kamen durch den Wald gelaufen.

„Hurra – ein Maikäfer!“ riefen sie. „Dort noch einer – und noch einer!“

Und sie haschten nach ihnen, freuten sich über das Gekribbel und Gekrabbel in ihrer Hand und hielten sie ans Ohr – „Sssumm“ – machte es darin, und der Peter sprang vor Vergnügen von einem Bein aufs andere.

Den Maikäferherren machte das Musizieren in dem engen, dunklen Gefängnis nun gerade nicht viel Spaß. Aber sie dachten an die Worte des Waldmeisters und brummten tapfer weiter.

Grete hockte sich nieder und wollte ihren Käfer auf die Erde setzen. Aber das tolpatschige Dummerchen fiel – pardauz – auf den Rücken und strampelte ganz fürchterlich in der Luft herum.

„Brummerchen,
Dummerchen!“

lachte Grete und mühte sich, ihn wieder auf die Beine zu bringen.

Am besten hatte es noch der in Liesels Hand. Er durfte wieder davonfliegen, und sie sang ihm noch ein schönes Abschiedslied nach:

Maikäfer – fliege!
Dein Vater ist im Kriege,
Deine Mutter ist in Pommerland,
Pommerland ist abgebrannt –
Maikäfer – fliege!"

„Ist ja gar nicht wahr", sagte Brummtopf und surrte davon –.

„Der Krieg ist ja längst aus! Und Vater und Mutter habe ich überhaupt nicht gehabt. Bloß eine Frau –."

Die Kinder lachten über alles, was ihre dicken Lieblinge vor sich hinbrummten. Verstehen konnten sie die Maikäfersprache freilich nicht. – Und der Maikäfer wußte nicht, daß sein Vater und seine Mutter schon vor drei Jahren gestorben waren. . . .

So gingen ein paar schöne, wonnige Frühlingswochen ins Land. Da hatten eines Abends drei Brummbaßgeigerlein das Leben im Walde satt und beschlossen, draußen ein bißchen auf Abenteuer auszugehen.

Als sie sich auf den Weg machten, begegnete ihnen das Mailüfterl. Das drohte mit dem Finger: „Nehmt euch in acht! Heut nacht wird's kalt! Bleibt lieber in euren warmen Waldbettchen, da draußen ist es ein gut Teil kälter als hier!"

Die drei lustigen Brüder hatten aber nun einmal heute ein besonderes Gelüsten und flogen – still-vergnügt, wie es ihre Art war – über Felder und Wiesen dem Städtchen zu.

Hu – was für ein gräßliches Tier kam dort von der Mauer her auf sie zugeflogen? Ein Vogel war's nicht, hatte aber Flügel und eine große, plattgedrückte Nase.

„Ein Gespenst! Ein Gespenst!" schrie Brummtopf und flüchtete hinter den ersten besten Fensterladen. Die andern ihm nach. Es war ihr Glück! Einen Maikäferbraten hätte die Fledermaus sich sicher nicht entgehen lassen.

Als das unheimliche Ding verschwunden war, kamen die drei wieder aus ihrem Versteck heraus und sahen sich um.

„Hier ist's hell und warm", sagte Brummtopf, flog auf eine Lampe zu, und – bumms – da hatte er sich seinen Kopf schon gehörig gestoßen.

„Ein Maikäfer! Ein Maikäfer!" riefen alle und freuten sich sehr. Der Käferherr aber schnüffelte und schnuffelte ... was für ein Geruch war das? „Der Waldmeister", schrie er entsetzt; „wahrhaftig – da haben sie ihn in ein Glashaus eingesperrt. Wenn er nun die Menschen behext!"

Es ward ihm gruselig, und er machte, daß er wieder zum Fenster hinauskam.

Da draußen war große Beratung. Es war wirklich

recht kühl geworden und wurde immer kälter. „Wer wird uns für die Nacht nun ein warmes Bettchen geben?“ fragte einer.

„Ach – wären wir doch in unserem Walde geblieben.“

„Oh – paßt auf!“ sagte Brummtopf. „Wahrhaftig – dort drüben seh ich das Wirtshaus zur Birke. Es ist zwar zum Übernachten etwas luftig gebaut – aber doch als ein sehr gutes Gasthaus bekannt.“

So torkelten denn die drei Maimusikanten schlaftrunken zu dem freundlichen Birkenwirtshaus hinüber, speisten zu Abend und gingen zu Bett.

„Ich weiß nicht –“ sagte der eine – „hu – mich friert so! Ich kann gar nicht warm werden in meinem Bett.“

„Ach – deck dich nur recht fest zu, liebes Pummelchen, damit du nicht krank wirst“, sagte Dicksack. „Ich weiß aber auch nicht – das Haus ist recht wacklig gebaut! Mein Bett schaukelt und schaukelt, und ich bin schon ganz schwindlig.“

„Halt dich nur fest und fall nicht heraus!“

Dann sprach keines von ihnen mehr ein Wort.

Am andern Morgen, als eben Frau Sonne aufgestanden war und von allen Hähnen in den Hühnerhöfen mit lautem „Kikeriki“ begrüßt wurde – was meint ihr, was in dem Birkenwirtshaus da geschah?

Es mußte wohl ein Erdbeben sein. Ja – wie ein Erdbeben war es.

Und das Erdbeben war so stark, daß viele Gäste aus ihren Bettchen heraus und auf die Erde fielen.

Ach – wie fest die Maikäfer noch schliefen! Und man sah es: mit ihren Füßchen hatten sie sich fest an ihre Bettchen gekrallt, damit sie nicht herausfielen. Aber die Füßchen waren starr vor Kälte, daß sie sich nicht lange festhalten konnten. Frau Sonne war noch nicht bis zum Wirtshaus gekommen, um die Schläfer zu erwärmen und wachzuküssen; und bums – bums – fiel einer nach dem andern herab auf den Boden ... und ehe sie sich noch die Augen reiben und umsehen konnten, packten schon dürre, harte Finger zu, und schwapp, flogen die schlaftrunkenen, erstarrten Gäste in einen großen, finstern Sack, wo schon hundert andere frostklamme Beinchen sich mühsam regten. –

„Sieh, sieh – heute gibt's eine reiche Ernte ...", sagte eine heisere Stimme.

Und Brummtopf hörte es aus der Ferne herüberschallen: Kikeriki ...

CIP-Kurztitelaufnahme der Deutschen Bibliothek

Reinheimer, Sophie:
Die schönsten Märchen / Sophie Reinheimer. –
München; Wien; Zürich: F. Schneider, 1985.

ISBN 3 505 09085 9

NE: Reinheimer, Sophie: [Sammlung]

Schneider-Buch

8000 München 46 · Frankfurter Ring 150 · Wien – Zürich
Titelbild: Felicitas Kuhn
Illustration: Kurt Lange
Lektorat/Redaktion: Monika Raeithel-Thaler
ISBN: 3 505 0 9085-9
Bestell-Nr.: 9085